高等学校应用型会计人才精细化培养系列教材

李 雪 ◎ 总主编　　徐国君 ◎ 主审

证券投资学学习指导书

秦桂兰 ◎ 主编

周静波　肖英红 ◎ 副主编

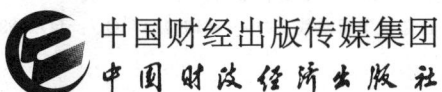

中国财经出版传媒集团

中国财政经济出版社

图书在版编目（CIP）数据

证券投资学学习指导书 / 秦桂兰主编 . —北京：中国财政经济出版社，2017.8
高等学校应用型会计人才精细化培养系列教材/李雪主编
ISBN 978 - 7 - 5095 - 7629 - 8

Ⅰ.①证… Ⅱ.①秦… Ⅲ.①证券投资 - 高等学校 - 教学参考资料
Ⅳ.①F830.91

中国版本图书馆 CIP 数据核字（2017）第 182574 号

责任编辑：樊清玉	责任校对：李 丽
封面设计：智点创意	版式设计：录文通

中国财政经济出版社 出版

URL：http：//ckfz.cfeph.cn
E - mail：cfeph@ cfeph.cn

（版权所有　翻印必究）
社址：北京市海淀区阜成路甲28号　邮政编码：100142
营销中心电话：88190406
天猫网店：中国财政经济出版社旗舰店
网址：https：//zgczjjcbs.tmall.com
北京财经印刷厂印刷　各地新华书店经销
710×1000 毫米　16 开　10 印张　200 000 字
2017 年 8 月第 1 版　2017 年 8 月北京第 1 次印刷
定价：40.00 元
ISBN 978 - 7 - 5095 - 7629 - 8
（图书出现印装问题，本社负责调换）
本社质量投诉电话：010 - 88190744
打击盗版举报热线：010 - 88190414　QQ：447268889

总 序

经济社会越发展，会计人才越重要。经济社会发展需要会计改革与之相适应，会计事业全面发展又对经济社会发展具有重要的促进作用。新中国成立以来，特别是改革开放以来的实践证明，各项重大改革几乎都离不开会计改革，同时对会计人才培养不断提出新的要求。当下金融创新、虚拟经济、强化监管、内部控制等成为时代主旋律，会计人才的培养必将成为当前和今后一个时期经济社会发展的关键要素之一。

高等学校作为会计人才培养的主阵地，必须面对经济社会对会计人才的新要求，对会计人才培养的理论和实践作出新的设想和探索。经过多年的研究和探索，培养高素质应用型会计人才已经成为我国部分公办大学、所有独立学院和民办大学财会类专业共同的人才培养目标。其中，运用精细化管理的思想，探索和人才需求密切结合的精细化会计人才培养模式是各高校运用较多的做法。该培养模式按照市场需求、学生的就业方向和学习兴趣细分专业方向和专业课程，分层次、分方向培养会计诚信度高、实践能力强的应用型会计人才，取得了良好的培养效果。实施会计人才的精细化培养已成为提高会计人才培养质量的重要保证，是高校打造办学特色的重要途径。

与培养模式相对应的教材是培养合格人才的基本保证，是实现培养目标的重要工具。教材是高校实现应用型会计人才的精细化培养目标的重要载体，教材及教材建设对高校发展具有举足轻重的作用。应用型会计人才培养的教材编写和出版这些年相对比较热闹，但教材质量和适用性仍然存在一些问题，如：出版社对应用型会计本科教材的出版还不够重视，没有进行有效的组织；应用型本科院校多为新建院校，教材建设相对滞后，主观上也较愿意使用其他本科教材；在教材使用中存在比较严重的混用现象，出版的教材目标读者群不明确等。这些问题都影响了会计人才精细化培养目标的实现。

为了更好地适应会计人才精细化培养的需要，我们组织具有多年应用型人才培养经验的优秀教师和实务界专家编写了这套应用型会计人才精细化培养教材。本系列教材由会计学科导引、会计学、财务管理概论、高级财务会计、政府与非营利组织会计、金融企业会计、涉外企业会计、房地产企业会计、施工企业会计、旅游饮食服务业会计、小企业会计、商品流通企业会计、内部控制、资产评估、财经法规与会计职业道德、高级财务管理、税收筹划、政府审计、内部审计、经济责任审计、效益审计、经济学基础、证券投资学、会计综合模拟实验（手工实验）和会计综合模拟实验（财务软件的应用）等构成。为了保证教材的质量，本套教材聘请了著名高校的专家教授进行专门指导和审核。每本教材至少有一名本学科的知名专家或学科带头人提出审核指导意见，至少有一名高等院校教学一线的高级职称教师参与组织编写，至少有一名行业协会、实务界专家和教学研究机构人员提出编写建议。

本套教材的特色如下：

1. 应用性

本系列教材建设坚持培养精细化的应用型会计人才，体现了应用型人才培养的定位，体现了素质教育和"以学生发展为本"的教育理念，遵循了高等教育教学基本规律，重视知识、能力和素质的协调发展，从内容选材、教学方法、学习方法、实验配套等方面突出了应用性特征。

2. 针对性

本系列教材的编写符合会计学、财务管理和审计学专业的培养目标、培养需求、业务规格和教学大纲的基本要求，与各专业的课程结构和课程设置相对应，与课程平台和课程模块相对应。教材在结构纵横布局、内容重点选取、示例习题设计等方面符合教改目标和教学大纲的要求，把教师的备课、试讲、授课、辅导答疑等教学环节有机地结合起来。

3. 先进性

本系列教材反映了应用型会计人才精细化培养的内容，能够反映学科领域的新发展。教材的整体规划、每一种教材构造等均体现了实用性和创新性。教材还强调了系列配套，包括了教材、学习指导书、教学课件等。

4. 基础性

本系列教材力争打破传统教材自身知识框架的封闭性，尝试多方面知识的融会贯通，注重知识层次的递进，体现每一科目的基本内容，同时在具体内容上突出实际运用知识的能力，使本系列教材做到"教师易教，学生乐学，技能实用"。

5. 自学性

自学能力是高等教育应该教授给学生的一项基本能力。只有具备了自主学习的能力，才能最终建立起终身学习的保障体系，这也是应用型本科的客观要求。本系列教材要能调动学生的学习积极性，理论方面尽量通俗易懂，实践方面尽量采用案例式教学。为了有利于学生课后自主学习，本套教材配套了学习指导书和PPT。

本套教材的定位把握准确，教材特色明显，适用于应用型高校选用，容易得到学生和市场的认可，便于教师的教学和学生的自学。

高等学校应用型会计人才精细化培养系列教材凝聚了众多领导、教授、专家和老师多年来的经验和心血。当然，由于我们的经验和人力有限，教材中难免存在不足，我们期待着各位同行、专家和读者的批评指正。我们将伴随着经济发展和会计环境的变迁不断修订教材，以便及时反映学科的最新发展和应用型人才精细化培养的最新变化。

李 雪

2017 年 6 月

前　言

本书是高等学校应用型会计人才精细化培养系列教材之一《证券投资学》的配套学习指导书，具有应用性、自学性等特点，既可作为高校财务会计教学的辅助教材，也可作为其他相关人员学习金融、备战相关金融考试的参考用书。

本书根据《证券投资学》教材及教学大纲的要求，总结了每章的知识框架，同时设置了各章重点与难点的提炼讲解，在讲解的过程中配有相关典型例题，讲解完毕，每章配有练习题并提供相应的参考答案。

《证券投资学学习指导书》分为三个部分，第一部分为"学习指导及思考与练习"，下设"本章基本内容框架""重点、难点讲解及典型例题""思考与练习"，第二部分为"思考与练习参考答案"，第三部分为"模拟试题及参考答案"。

本书具有以下特点：

（1）内容全面而基础，信息量大，实用性强；

（2）总结精练，习题的设计突出理论联系实际，体现运用能力，即重视知识、能力和素质的协调发展；

（3）注重对重点、难点的讲解，借助了图、表、习题等工具，深入浅出，通俗易懂；

（4）习题形式多样，既有客观题，也有大量的问答题和计算题，涵盖面广，可以考察学生综合分析和解决问题的能力。

本教材由秦桂兰主编，周静波、肖英红为副主编，王国娜、李晓琳为编者。具体分工如下：第一章导论（王国娜），第二章证券投资工具——基础金融工具（秦桂兰），第三章证券投资工具——衍生金融工具（秦桂兰），第四章证券发行市场（肖英红），第五章证券交易市场（李晓琳），

第六章证券投资基本分析（周静波），第七章证券投资技术分析（周静波），第八章证券投资收益、风险及其衡量（秦桂兰），第九章证券市场监管（王国娜）。

  本书在编写的过程中参考了大量相关教材和论著，在此向有关作者致以深深的谢意！本书的编写先后经过多次讨论研究，力求内容编排合理、避免错误，但难免存在考虑不周、表达不妥当的地方，书中疏漏不足之处，敬请读者批评指正。

编者

2017 年 6 月

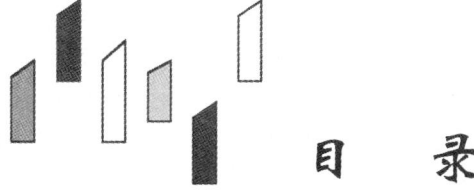

目 录

第一部分 学习指导及思考与练习

第一章 导论 …………………………………………………………（ 3 ）
    本章基本内容框架 ……………………………………………（ 3 ）
    重点、难点讲解及典型例题 …………………………………（ 3 ）
    思考与练习 ……………………………………………………（ 6 ）

第二章 证券投资工具——基础金融工具 ………………………（ 9 ）
    本章基本内容框架 ……………………………………………（ 9 ）
    重点、难点讲解及典型例题 …………………………………（ 9 ）
    思考与练习 ……………………………………………………（ 20 ）

第三章 证券投资工具——衍生金融工具 ………………………（ 24 ）
    本章基本内容框架 ……………………………………………（ 24 ）
    重点、难点讲解及典型例题 …………………………………（ 24 ）
    思考与练习 ……………………………………………………（ 35 ）

第四章 证券发行市场 ……………………………………………（ 39 ）
    本章基本内容框架 ……………………………………………（ 39 ）
    重点、难点讲解及典型例题 …………………………………（ 39 ）
    思考与练习 ……………………………………………………（ 43 ）

第五章 证券交易市场 ……………………………………………（ 48 ）
    本章基本内容框架 ……………………………………………（ 48 ）
    重点、难点讲解及典型例题 …………………………………（ 48 ）
    思考与练习 ……………………………………………………（ 54 ）

第六章 证券投资基本分析 ………………………………………（ 60 ）
    本章基本内容框架 ……………………………………………（ 60 ）
    重点、难点讲解及典型例题 …………………………………（ 60 ）

思考与练习 …………………………………………………………（65）

第七章　证券投资技术分析 ……………………………………………（70）
　　本章基本内容框架 …………………………………………………（70）
　　重点、难点讲解及典型例题 ………………………………………（70）
　　思考与练习 …………………………………………………………（74）

第八章　证券投资收益、风险及其衡量 ………………………………（78）
　　本章基本内容框架 …………………………………………………（78）
　　重点、难点讲解及典型例题 ………………………………………（78）
　　思考与练习 …………………………………………………………（85）

第九章　证券市场监管 …………………………………………………（90）
　　本章基本内容框架 …………………………………………………（90）
　　重点、难点讲解及典型例题 ………………………………………（90）
　　思考与练习 …………………………………………………………（94）

第二部分　思考与练习参考答案

　　第一章　导论 ………………………………………………………（101）
　　第二章　证券投资工具——基础金融工具 ………………………（103）
　　第三章　证券投资工具——衍生金融工具 ………………………（107）
　　第四章　证券发行市场 ……………………………………………（110）
　　第五章　证券交易市场 ……………………………………………（114）
　　第六章　证券投资基本分析 ………………………………………（122）
　　第七章　证券投资技术分析 ………………………………………（125）
　　第八章　证券投资收益、风险及其衡量 …………………………（128）
　　第九章　证券市场监管 ……………………………………………（132）

第三部分　模拟试题及参考答案

　　证券投资学模拟试题（一）………………………………………（139）
　　证券投资学模拟试题（二）………………………………………（142）
　　证券投资学模拟试题（一）参考答案 ……………………………（145）
　　证券投资学模拟试题（二）参考答案 ……………………………（147）

第一部分
学习指导及思考与练习

第一部分

学习及思考方式

第一章

导 论

 本章基本内容框架

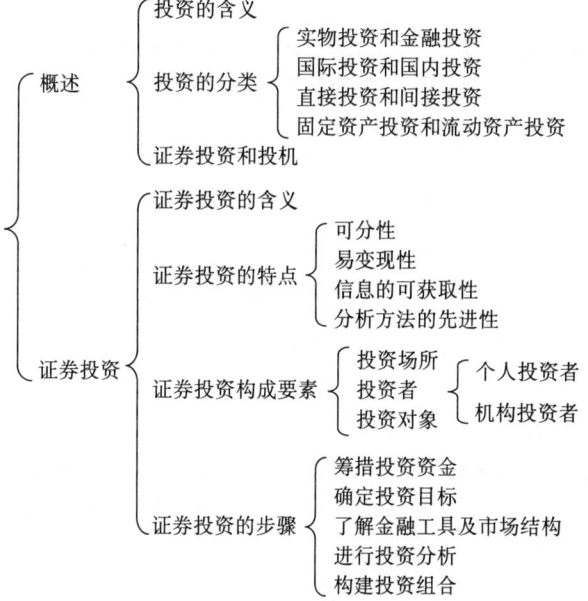

 重点、难点讲解及典型例题

一、投资与投机的区别

投资与投机在一般商品的买卖中比较容易区分,但在证券买卖中其区分比较难。一般来说,证券投资是指经过充分分析之后,能够合理地期望有正的收益率的证券交易活动;而投机一般是指利用市场价格波动,以谋取最大利润为目的的、短期的证券交易活动。

在使用投资与投机概念时,人们习惯于用以下方式将投资与投机加以区别:

1. 以时间长短来划分。时间短,在市场上频频买入或卖出有价证券为投机;长期保留证券,不轻易换手,按期坐收资本收益为投资。

2. 以风险大小来划分。风险大的为投机，投机为高风险投资；风险相对小的为投资，投资是稳健的投机。

3. 以是否重视证券实际价值来划分。投资者着重对各种证券所代表的实际价值、公司的业绩和创利能力进行分析，然后选择投资对象；而投机者主要注重市场的变化，注意证券市场行情的变化，频繁买卖进出，以获取市场差价为主。投资者注重证券的内在价值，而投机者则注重证券的市场价格。

【例题1·单项选择题】很多情况下人们往往把能够带来报酬的支出行为称为（　　）。

A. 支出　　　　　　　　　　B. 储蓄
C. 投资　　　　　　　　　　D. 消费

【答案】C

【解析】支出的范围过大，其中包含不带来报酬的消费等行为，故 A 选项错误。消费带来的是效用，而不是报酬，故 D 选项错误。投资是能够带来报酬的支出行为，故 C 选项正确。

二、证券投资的含义

证券投资是指投资者（包括个人和法人）购买股票、债券、基金等有价证券以及这些有价证券的衍生品，以获取红利、利息及资本利得的投资行为和投资过程，是直接投资的重要形式。其特点主要包括可分性、易变现性、信息的可获取性及分析方法的先进性。

在现代社会中，证券投资在投资活动中占有突出的地位。它是目前发达国家最重要和基本的投资方式，是动员和再分配资金的重要渠道。证券投资可使社会上的闲散货币转化为投资资金，可使储蓄转化为投资，对促进社会资金合理流动、促进资源有效配置、促进经济增长有重要作用。

【例题2·多项选择题】证券投资在投资活动中占有突出的地位，其作用表现在（　　）和促进经济增长等方面。

A. 使社会的闲散货币转化为投资资金　　B. 使储蓄转化为投资
C. 促进资金合理流动　　　　　　　　　D. 促进资源有效配置

【答案】ABCD

【解析】证券投资可使社会上的闲散货币转化为投资资金，可使储蓄转化为投资，对促进社会资金合理流动、促进资源有效配置、促进经济增长等具有重要作用，故 ABCD 选项正确。

【例题3·判断题】证券投资是指投资者对有价证券的购买行为，这种行为会使投资者在证券持有期内获得与其所承担的风险相称的收益。　　　　　　　　　（　　）

【答案】√

【解析】证券投资行为在获得收益的同时也要承担相应的风险，故正确。

三、证券投资构成要素

证券投资构成要素主要包括投资场所、投资参与者、投资对象。

投资场所就是金融交易的场所,即金融市场。金融市场具有融通资金、定价、转移和分散风险以及提供流动性等多种功能。对投资者来说,金融市场是买卖股票、债券及其他有价证券的场所。随着现代信息、通信与电子技术发展,许多市场已经电子化,不再是一个具体的场所,而成为一个网络,许多金融工具的交易也是在这样的网络中实现的。因此,我们所说的场所有时其实是一个"机制",一个实现定价和金融交易的机制。

证券投资参与者包括个人投资者、机构投资者和政府。机构投资者可分为两类:一类是非金融企业,一类是金融机构。其中,金融机构是最特殊的投资者。它既是证券市场的投资者,同时又以中介的身份为证券投资提供各种服务。而政府的投资关系表现在三个不同的层面上:一是政府是资金的需求者;二是政府通过中央银行在金融市场中大量买卖国库券,以影响市场利率和货币供给量,调控宏观经济;三是政府对金融市场中的投资活动的监管。

证券投资中的投资对象是市场中的各种金融工具。那些能在金融市场上买卖,具有活跃的二级市场的金融产品称为金融工具。这就是说,金融工具是反映债权债务关系的合约证明文件,这类文件是标准化的,它的好处是容易获得市场普遍的接受,方便交易。

【例题4·单项选择题】进入证券市场进行证券买卖的各类投资者即是证券投资的(   )。

A. 主体 B. 客体
C. 工具 D. 对象

【答案】A

【解析】证券投资活动的主体是进入证券市场进行证券买卖的各类投资者,故A选项正确。

【例题5·多项选择题】证券投资主体包括(   )。

A. 个人 B. 政府
C. 企事业 D. 金融机构

【答案】ABCD

【解析】证券投资的主体包括个人投资者、机构投资者和政府。而机构投资者又包括非金融企业和金融机构,故ABCD选项正确。

【例题6·单项选择题】金融市场最特殊的参与者是(   )。

A. 个人 B. 政府
C. 企事业单位 D. 金融机构

【答案】D

【解析】金融机构是最特殊的投资者。它既是证券市场的投资者，同时又以中介的身份为证券投资提供各种服务。ABC 这三个都只是投资者的身份。因此本题选择 D。

 **思考与练习**

一、单项选择题

1. 金融资产是一种虚拟资产，属于（　　）范畴。
   A. 实物活动　　　　　　　　B. 信用活动
   C. 社会活动　　　　　　　　D. 产业活动

2. 直接投融资的中介机构是（　　）。
   A. 商业银行　　　　　　　　B. 信托投资公司
   C. 投资咨询公司　　　　　　D. 证券经营机构

3. 我国现行法规规定，银行业金融机构可用自有资金及银监会规定的可用于投资的表内资金进行证券投资，但仅限投资于（　　）。
   A. 股票　　　　　　　　　　B. 国债
   C. 公司债　　　　　　　　　D. 证券投资基金

4. 购买股票旨在长期参股并可能谋求进入公司决策管理层的投资者被称为（　　）。
   A. 投机者　　　　　　　　　B. 机构投资者
   C. QFII　　　　　　　　　　D. 战略投资者

5. 有价证券所代表的经济权利是（　　）。
   A. 财产所有权　　　　　　　B. 债权
   C. 剩余请求权　　　　　　　D. 所有权或债权

6. （　　）制度是一国（地区）在货币没有实现完全可自由兑换、资本项目尚未完全开放的情况下，有限度地引进外资、开放资本市场的一项过渡性的制度。
   A. QFII　　　　　　　　　　B. QDII
   C. RQFII　　　　　　　　　 D. ETF

二、多项选择题

1. 证券投资活动的积极作用表现在（　　）。
   A. 平衡价格　　　　　　　　B. 增强证券的流动性
   C. 分散价格变动风险　　　　D. 对价格变动起推波助澜的作用

2. 投资的特点包括（　　）。
   A. 是现在投入一定价值量的经济活动　　B. 具有时间性
   C. 目的在于得到报酬　　　　D. 具有风险性

3. 按市场所在地不同，债券可分为（   ）。
   A. 国内债券   B. 外国债券
   C. 欧洲债券   D. 全球债券
4. 机构投资者的特点包括（   ）。
   A. 投资管理专业化   B. 投资行为规范化
   C. 投资结构组合化   D. 投资项目差异化
5. 开放型投资基金与封闭型投资基金的主要区别是（   ）。
   A. 期限不同   B. 规模可变性不同
   C. 交易方式不同   D. 价格决定方式不同
6. 证券经纪业务的特点是（   ）。
   A. 属于二级市场的委托买卖业务   B. 经纪商与客户之间是委托代理关系
   C. 经纪商承担的风险相对较小   D. 收入来源于佣金
7. 证券公司自营业务的特点是（   ）。
   A. 是证券公司自主性的证券交易
   B. 自营业务的收益不稳定，投资风险较大
   C. 可以利用内幕信息获利
   D. 具有一定的投机性

三、判断题

1. 收益的不确定性即为投资的风险，风险的大小与投资时间的长短成反比。
   （   ）
2. 证券经营机构，尤其是证券公司，是资本市场重要的金融机构。 （   ）
3. 证券投资主体是指进入证券市场进行证券买卖的各类投资者。 （   ）
4. 投机者的目的在于通过价格波动来盈利，因此必然导致证券价格剧烈波动。
   （   ）
5. 有价证券即股票，是具有一定票面金额、代表财产所有权，并借以取得一定收入的一种证书。 （   ）
6. 股票、债券等有价证券是一种虚拟资本。 （   ）
7. 专业经纪商具有双重身份，既可以接受交易所内佣金经纪商和自营商的委托进行证券代理买卖，又可以作为自营商自行进行证券交易。 （   ）
8. 个人投资者是证券市场最广泛的投资者。 （   ）

四、名词解释

1. 证券   2. 证券投资
3. 证券市场   4. 机构投资者
5. 有价证券

五、简答题

1. 证券投资与实物投资有何异同？
2. 证券投资与投机的区别与联系。
3. 证券市场的功能有哪些？
4. 证券投资的构成要素有哪些？
5. 简述证券投资分析的必要性。

第二章

证券投资工具——基础金融工具

 本章基本内容框架

```
        ┌ 股票的定义    ┌ 普通股和优先股
        │ 股票的性质    │ 记名股和不记名股
        │ 股票的类型    │ 有面额股和无面额股
        │ 股票的特征    └ 蓝筹股、成长股、垃圾股
  股票 ─┤ 我国股票的常见分类
        │ 股票的价值与价格
        └ 股票投资收益率

        ┌ 债券的含义及基本要素
        │ 债券的性质    ┌ 政府债券、企业债券、金融债券
        │ 债券的特征    │ 贴现债券、附息债券、息票累积债券
        │ 债券的种类 ──┤ 浮动利率债券、固定利率债券
  债券 ─┤               │ 短期债券、中期债券、长期债券
        │               └ 有担保债券、无担保债券
        │ 债券与股票的区别
        │               ┌ 名义收益率
        └ 债券收益率 ──┤ 当期收益率
                        │ 持有期收益率
                        └ 到期收益率

              ┌ 证券投资基金的含义
              │ 证券投资基金的特征    ┌ 公司型基金、契约型基金
              │ 当事人及相互关系      │ 封闭式基金、开放式基金
  证券投资基金┤ 证券投资基金的分类 ──┤ 股票基金、债券基金、货币基金
              │                       │ 公募基金、私募基金
              │                       └ 主动型基金、被动型基金
              │ 证券投资基金的费用、估值
              └ 开放式基金的认购、申购、赎回
```

 重点、难点讲解及典型例题

一、股票的性质与特征

股票是股份有限公司为筹集资金而发行的一种证明股东身份、代表股份资本所有

权的一种凭证及有价证券，是资本市场上借以实现长期融资的金融工具。

股票是一种典型的有价证券，是一种所有权凭证，属于资本证券；同时股票是要式证券，而且不同于债券，股票是一种综合权利证券。

股票相对于债券，具有不可偿还性、参与性、流动性、收益性和风险性等特征。

【例题1·单项选择题】 股票最基本的特征是（　　）。

A. 流动性　　　　　　　　B. 永久性

C. 风险性　　　　　　　　D. 收益性

【答案】 D

【解析】 收益性是股票最基本的特征。它是指股票可以为其持有人带来收益的特性。持有股票的目的在于获取收益，故选择D。

【例题2·单项选择题】 下列关于股票基本特征的说法，错误的是（　　）。

A. 股票的有效期与股份公司的存续期间相联系，两者是并存的关系

B. 股票的永久性是指股票所载有权利的有效性是始终不变的

C. 股票持有者可以通过出售股票而转让其股东身份

D. 对于股份公司来说，由于股东不能要求退股，所以通过发行股票募集到的资金，在公司存续期间是一笔稳定的借贷资本

【答案】 D

【解析】 股票的永久性是指股票所载有权利的有效性是始终不变的，股票的有效期与股份公司的存续期间相联系，两者是并存的关系。股票代表着股东的永久性投资，当然股票持有者可以通过出售股票而转让其股东身份。对于股份公司来说，由于股东不能要求退股，所以通过发行股票募集到的资金，在公司存续期间是一笔稳定的自有资本。ABC三项说法都正确，D中应为自有资本，所以错误的是D。

【例题3·单项选择题】 以下关于股票的表述，正确的是（　　）。

A. 股票所代表的权利本来不存在

B. 股票所代表的权利的发生以股票的制作和存在为条件

C. 股票只是把已存在的股东权利表现为证券的形式

D. 股票是设权证券

【答案】 C

【解析】 股票代表的是股东权利，它的发行是以股份的存在为条件的。股票只是把已存在的股东权利表现为证券的形式，它的作用不是创造股东的权利，而是证明股东的权利。因此股票是证权证券，而不是设权证券。所以ABD说法错误，而C选项正确。

【例题4·多项选择题】 能够说明"股票具有有价证券的特征"的有（　　）。

A. 股票与它代表的财产权有可分开的关系

B. 股票与它代表的财产权有不可分离的关系，两者合为一体

C. 虽然股票本身没有价值，但股票是一种代表财产权的有价证券，它包含着股

东具有依其持有股票要求股份公司按规定分配股息和红利的请求权

D. 股票本身存在价值，所以它包含着股东具有依其持有的股票，要求股份公司按规定分配股息和红利的请求权

【答案】BC

【解析】股票具有有价证券的特征：①虽然股票本身没有价值，但股票是一种代表财产权的有价证券，它包含着股东具有依其持有股票要求股份公司按规定分配股息和红利的请求权。②股票与它代表的财产权有不可分离的关系，两者合为一体。换言之，行使股票所代表的财产权，必须以持有股票为条件，股东权利的转让应与股票占有的转移同时进行，股票的转让就是股东权的转让。因此 BC 符合。

二、股票的种类

作为一种重要的金融投资工具，股票的种类也越来越丰富，从而更好的满足不同投资者和筹资者的需要。从不同的角度，可以把股票分为不同的种类。具体可见表 2-1：

表 2-1　　　　　　　　　　股票的分类

分类依据	股票种类
按照股东享有的权利不同	普通股、优先股
按照股票是否记载股东姓名	记名股、不记名股
按照股票票面上是否标明金额	有面额股票、无面额股票
按照股票发行公司的业绩表现	蓝筹股、成长股、垃圾股
按照股票上市地点和投资者的不同	A 股、B 股、H 股、N 股、S 股
按照投资主体的性质不同	国家股、法人股、社会公众股

【例题 5·多项选择题】下列关于记名股票和不记名股票的区别，说法正确的有（　　）。

A. 两者的区别主要体现在股东权利等方面

B. 不记名股票转让相对简单，而记名股票转让相对复杂或受限制

C. 不记名股票安全性较差，而记名股票相对安全

D. 不记名股票在认购股票时要求一次缴纳出资，而记名股票可分一次或多次缴纳出资

【答案】BCD

【解析】记名股票和不记名股票的区别不是在股东权利等方面，而是在记载方式上不同。正因为记载方式不同，因此安全性、转让方面都不一样。上述四项说法中，A 说法不对，BCD 都是正确的，所以选 BCD。

【例题 6·单项选择题】通常将那些经营业绩较好，具有稳定且较高的股利分红尤其是现金股利的公司股票称为（　　）。

A. 红筹股　　　　　　　　　　　　B. 潜力股

C. 成长股 D. 蓝筹股

【答案】D

【解析】蓝筹股是指经营业绩较好，具有稳定且较高的股利分红尤其是现金股利的公司股票，所以选 D。其他三项都不符合。

三、普通股与优先股

普通股指股东在公司的经营管理、盈利及财产的分配上享有普通权利的股份，它是公司资本中最基本的股份，也是发行量最大，最为重要的股票。

普通股主要体现出以下特点：①股利不固定，视公司经营好坏及股利政策而定；②股息、剩余财产分配劣于优先股；③股东参与经营决策（具有投票权）；④股东可以优先认购新股；⑤股票可以公开发行、自由转让。

《中华人民共和国公司法》规定，公司股东的义务主要有：

①应当遵守法律行政法规和公司章程，依法行使股东权利，不得滥用股东权利损害公司或者其他股东的利益。

②向公司缴纳出资或股款义务；股东应当按期足额缴纳公司章程中规定的各自所认缴的出资额。股东以货币出资的，应当将货币出资足额存入有限责任公司在银行开设的账户；以非货币财产出资的，应当依法办理其财产权的转移手续。股东不按照前款规定缴纳出资的，除应当向公司足额缴纳外，还应当向已按期足额缴纳出资的股东承担违约责任。

③不得滥用公司法人独立地位和股东有限责任损害公司债权人的利益。

④公司股东滥用股东权利给公司或者其他股东造成损失的，应当依法承担赔偿责任。

⑤公司股东滥用公司法人独立地位和股东有限责任，逃避债务、严重损害公司债权人利益的，应当对公司债务承担连带责任。

⑥公司的控股股东、实际控制人、董事、监事、高级管理人员不得利用其关联关系损害公司利益。如违反规定，给公司造成损失的，应当承担赔偿责任。

⑦不得抽回出资。

优先股是相对于普通股而言的，主要指在利润分红及剩余财产分配方面优先于普通股。优先股股票一般是股份有限公司出于某种特定目的和需要而发行的，且在票面上要注明"优先股"字样。

优先股的优先权主要表现在利润分红及剩余财产分配方面。优先股股东的权利范围小，一般没有选举及被选举权；对公司的经营一般没有投票权，但在某些情况下具有投票权。优先股股东不能退股，只能通过优先股的赎回条款被公司赎回，但是能稳定分红，股息固定，与公司经营好坏无关。

【例题7·多项选择题】普通股股东的义务有（   ）。

A. 应当遵守法律、行政法规和公司章程

B. 依法行使股东权利
C. 不得滥用股东权利损害公司或其他股东利益
D. 不得滥用公司法人独立地位和股东有限责任损害公司债权人的利益

【答案】 ABCD

【解析】 题目中四个选项都是关于普通股股东义务的正确描述，因此 ABCD 全选。除此外，股东还有其他一些义务，如按规定出资、不得抽回出资等。

【例题 8·单项选择题】 普通股是最基本、最常见的一种股票，其持有者享有股东的（　　）。

A. 营销权
B. 支配公司财产的权利
C. 分红权
D. 基本权利和义务

【答案】 D

【解析】 普通股是最基本、最常见的一种股票，其持有者作为股东，既享有权利又承担义务。ABC 三项仅提到了股东的权利，所以选 D。

【例题 9·多项选择题】 给予普通股股东优先认股权的主要意义有（　　）。

A. 保证普通股股东在股份公司保持原有的持股比例
B. 保护原普通股股东的利益和持股价值
C. 确保公司股份前有足额认购
D. 增加公司的募集资金

【答案】 AB

【解析】 优先认购新股是股份公司赋予给普通股股东的权利，主要的目的主要有两个：一是能保证普通股股东在股份公司保持原有的持股比例；二是保护原普通股股东的利益和持股价值。并非是为了增加公司的募集资金等，因此正确选项为 AB。

四、股票的价值与价格

股票的价值与价格是不同的。而且在不同的场合有不同的含义，需要加以区分。

1. 票面价值。又称面值，即在股票票面上标明的金额。该种股票被称为有面额股票。股票的票面价值在初次发行时有一定的参考意义。

2. 账面价值。又称股票净值或每股净资产，是每股股票代表的实际资产的价值。在没有优先股的条件下，每股账面价值是以公司净资产除以发行在外的普通股票的股数求得的。公司的净资产是公司营运的资本基础。在盈利水平相同的情况下，账面价值越高，股票的收益越高，股票就越有投资价值。

3. 清算价值。是公司清算时每一股份所代表的实际价值。从理论上讲，股票的清算价值应与账面价值一致，实际上并非如此。只有当清算时的资产实际出售额与财务报表上反映的账面价值一致时，每一股的清算价值才会和账面价值一致。但在公司清算时，其资产往往只能压低价格出售，再加上必要的清算费用，所以，大多数公司的实际清算价值低于其账面价值。

4. 内在价值。即理论价值,是股票未来收益的现值。股票的内在价值决定股票的市场价格,股票的市场价格总是围绕其内在价值波动。但由于未来收益及市场利率的不确定性,各种价值模型计算出来的"内在价值"只是股票真实的内在价值的估计值。经济形势的变化、宏观经济政策的调整、供求关系的变化等都会影响股票未来的收益,引起内在价值的变化。

5. 理论价格。现值理论认为,人们之所以愿意购买股票和其他证券,是因为它能够为其持有人带来预期收益。因此,它的"价值"取决于未来收益的大小。股票的现值就是股票未来收益的当前价值,也就是人们为了得到股票的未来收益愿意付出的代价。可见,股票及其他有价证券的理论价格就是以一定的必要收益率计算出来的未来收入的现值。

6. 市场价格。一般是指股票在交易市场上买卖的价格,即平时说的股票价格(股票行市)。股票的市场价格由股票的价值决定,但同时受其他许多因素的影响,如宏观经济形势、公司的经营状况、股票的供求量、市场炒作等。其中,供求关系是最直接的影响因素,其他因素都是通过作用于供求关系而影响股票价格的。

【例题10·多项选择题】下列关于股票的内在价值,表述正确的是(   )。

A. 经济形势的变化、宏观经济政策的调整、供求关系的变化等都会影响股票未来的收益,但内在价值不会变化

B. 股票的市场价格总是围绕其内在价值波动

C. 股票的内在价值即理论价值,是股票未来收益的现值

D. 由于未来收益及市场利率的不确定性,各种价值模型计算出来的"内在价值"只是股票真实的内在价值的估计值

【答案】 BCD

【解析】 上述四项关于股票内在价值的说法,BCD三项都是正确的,而A的说法错误,主要在于"经济形势的变化、宏观经济政策的调整、供求关系的变化等都会影响股票未来的收益,会引起内在价值变化",内在价值并非不变,所以A不能选。

【例题11·多项选择题】下列关于股票价值与价格的说法中,正确的是(   )。

A. 股票的账面价值又称为面值,即在股票票面上标明的金额

B. 从理论上说,股票价格应由其价值决定

C. 股票及其他有价证券的理论价格是根据现值理论而来的

D. 股票的市场价格一般是指股票在一级市场上交易的价格

【答案】 BC

【解析】 股票的账面价值又称为股票净值或每股净资产,在股票票面上标明的金额是股票的票面价值,所以A错误。股票的市场价格一般是指二级市场交易的价格,一级市场价格称为发行价格,所以D错误。因此正确的是BC两项。

五、债券的性质、特征及种类

债券是指发行人为了筹集资金,依照法定程序向投资者发行,承诺到期还本付息

的债权债务凭证,同时债券也是一种有价证券。债券购买者与发行者之间是一种债权债务关系。

债券上通常载明债券的发行机构、票面面值、票面利率、付息期、偿还期等要素。

债券与股票一样属于有价证券,反映和代表了一定的价值。债券是一种债权的表现。债券代表债券投资者的权利,这种权利不是直接支配财产,而是一种债权。拥有债券的人是债权人,不同于公司的股东,是公司的外部利益相关者。除了按期取得本息外,对债务人的生产、经营及管理没有参与权。债券与股票一样,尽管有面值,代表了一定的财产价值,但它是一种虚拟资本,而非真实资本。

债券具有偿还性、流动性、收益性及风险性等特征。一般来说,偿还期限越长,债券的流动性越差;收益越高,风险也越高。

从不同的角度,可以把债券分为不同的种类。具体可见表2-2:

表 2-2　　　　　　　　　　　　　　债券的种类

分类依据	债券种类
按照发行主体不同	政府债券、公司债券、金融债券
按照偿还与付息方式	贴现债券、附息债券、息票累积债券
按照利率是否变动	固定利率债券和浮动利率债券
按照偿还期限	短期债券、中期债券和长期债券
按照债券是否有担保	无担保债券和有担保债券

【例题12·单项选择题】下列不属于债券的基本性质的是(　　)。
A. 债券属于有价证券　　　　　　B. 债券是一种虚拟资本
C. 债券是债权的表现　　　　　　D. 发行人必须在约定的时间还本付息
【答案】D
【解析】债券具有以下基本性质:债券属于有价证券;债券是一种虚拟资本;债券是债权的表现。因此 ABC 都属于债券的基本性质,D 选项不是,所以选 D。

【例题13·多项选择题】债券的有价证券属性主要表现为(　　)。
A. 债券可赎回　　　　　　　　　B. 债券本身有一定的面值
C. 持有债券可按期取得利息　　　D. 债券是虚拟资本
【答案】BC
【解析】债券属于有价证券,表现在:①债券反映和代表一定的价值,其本身有一定的面值,通常是债券投资者投入资金的量化表现;②持有债券可按期取得利息,利息也是投资者收益的价值表现;③债券与其代表的权利联系在一起,拥有债券就拥有了债券所代表的权利,转让债券也就将债券代表的权利一并转移。因此,BC 两项体现有价证券属性,所以选 BC。

【例题14·单项选择题】"金边证券"通常指的是(　　)。

A. 政府债券 B. 公司债券
C. 金融债券 D. 国际债券

【答案】A

【解析】政府债券由中央政府或地方政府发行，其中中央政府发行的债券又称为国债，它以一个国家政府的信用作担保，风险最低，因此被称为"金边债券"。所以本题选 A。

六、债券收益率

债券投资能够给持有者带来收益，而收益的高低是可以通过各种收益率计算的，如名义收益率、当期收益率、到期收益率、持有期收益率。

1. 名义收益率

名义收益率又称票面收益率，是债券票面上规定的固定利率，即债券票面收益与债券面值之比。

2. 当期收益率

当期收益率又称本期收益率或直接收益率，是指债券的年利息收入与债券的实际购买价格之比。

3. 持有期收益率

持有期收益率是指买入债券后持有一段时间，又在债券到期前出售而得到的收益率。它是包括持有债券期间的利息收入和资本损益与购买价格之比。

4. 到期收益率

到期收益率又称最终收益率，是指将购买债券后持有至到期获得的收益率。即包括利息收入和资本损益的收益，与买入债券的实际价格之比。

【例题 15 · 单项选择题】某 100 元的债券，年利息为 5 元，期限 10 年，规定每年年末支付利息，到期一次还本。假设投资者某年年初以 90 元购入，持有 2 年后卖出，其实际收益率是（   ）。

A. 5% B. 10%
C. 15% D. 2%

【答案】B

【解析】本题考查的实际是计算持有期收益率。根据计算公式 $r = \dfrac{C + \dfrac{P_1 - P_0}{n}}{P_0}$，则有：

$$r = \dfrac{C + \dfrac{P_1 - P_0}{n}}{P_0} = \dfrac{5 + \dfrac{98 - 90}{2}}{90} = 10\%$$

因此正确选项为 B。

七、证券投资基金的含义、当事人

证券投资基金是一种利益共享、风险共担的投资工具（方式），它是通过公开发售基金份额募集资金，由基金托管人托管，由基金管理人管理和运作资金，以资产组合方式进行证券投资的集合投资方式，也是一种间接投资工具。

证券投资基金体现出的特点：集合理财、专业管理；组合投资、分散风险；利益共享、风险共担；投资小，费用低。

在证券投资基金的运作中，涉及多个当事人，主要包括：基金发起人、基金持有人（基金投资人）、基金管理人、基金托管人、证券投资基金销售机构或基金交易机构、会计师事务所等中介机构、监管机构等。

在这些当事人中，最主要的当事人主要是基金投资人、基金管理人及基金托管人。

1. 基金持有人即基金投资者，是基金的出资人、基金资产的所有者和基金投资回报的受益人。基金持有人的基本权利包括：对基金收益的享有权、对基金份额的转让权和在一定程度上对基金经营决策的参与权等。

2. 基金管理人是负责基金发起设立与经营管理的专业性机构，不仅负责基金的投资管理，而且承担着产品设计、基金营销、基金注册登记、基金估值、会计核算和客户服务等多方面的职责。基金管理人主要由基金管理公司担任，基金管理公司通常由证券公司、信托投资公司或其他机构等发起设立，具有独立法人地位。

3. 基金托管人又被称为基金保管人，是根据法规的要求，在证券投资基金运作中承担资产保管、交易监督、信息披露、资金清算与会计核算等相应职责的当事人。基金托管人与基金管理人签订托管协议，在托管协议规定的范围内履行自己的职责并收取一定的报酬。基金托管人一般由依法取得基金托管资格的商业银行或其他金融机构担任。申请取得基金托管资格的，应当具备一定的条件。

主要当事人之间的关系如图 2-1：

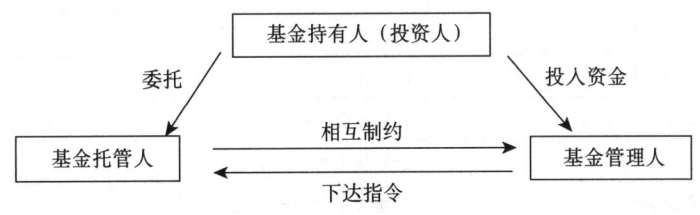

图 2-1 主要当事人之间的关系

【例题 16·多项选择题】下列关于证券投资基金与股票、债券的区别，正确的是（　　）。

A. 筹资规模不同　　　　　　　B. 反应的经济关系不同
C. 所筹集的资金投向不同　　　D. 收益风险水平不同

【答案】BCD

【解析】股票反映的是所有权关系，债券反映的债权债务关系，基金反映的是信托关系。一般来说，收益、风险从高到低排列是股票、债券、基金。另外，基金是一种集合投资，也是一种间接投资，而股票、债券是一种直接投资工具。因此 BCD 说法都正确，A 不是三者的区别，正确的选项应为 BCD。

【例题 17·多项选择题】证券投资基金是一种（　　）集合投资方式。

A. 利益共享　　　　　　　　　　B. 业余理财
C. 风险自担　　　　　　　　　　D. 风险共担

【答案】AD

【解析】从证券投资基金含义及特征看到，证券投资基金是一种利益共享、风险共担的集合投资方式，由专业的基金管理公司进行管理，进行组合投资，分散风险。因此，BC 两项说法错误，正确的选项应为 AD。

【例题 18·单项选择题】基金管理人与基金托管人之间（　　）。

A. 相互依赖　　　　　　　　　　B. 相互促进
C. 相互竞争　　　　　　　　　　D. 相互制约

【答案】D

【解析】从基金当事人的关系看，基金管理人与基金托管人之间是相互制约的。基金管理人负责基金资产的经营，托管人负责基金资产的保管。他们的权利和义务在基金合同或基金章程中预先规定，任何一方有违规之处，对方都应当监督并及时制止，甚至请求更换违规方。所以他们的关系是相互制约、相互监督。因此选 D。

八、证券投资基金的分类

证券投资基金可以按照不同的依据进行划分。具体情况如表 2-3：

表 2-3　　　　　　　　　　证券投资基金的种类

分类依据	基金种类
按照基金的组织形式不同	契约型基金和公司型基金
按照基金的运作方式不同	封闭式基金和开放式基金
按照证券投资基金的投资对象	股票基金、债券基金、货币市场基金、混合基金
按照基金的募集方式划分	公募基金和私募基金
按照基金的投资理念划分	主动型基金和被动型基金

【例题 19·单项选择题】关于公司型基金的说法，正确的是（　　）。

A. 公司型基金是通过签订基金契约的形式发行受益凭证而设立的一种基金
B. 公司型基金的投资者对基金运作的影响比契约型基金的投资者大
C. 公司型基金的资金是通过发行基金份额筹集起来的信托财产
D. 公司型基金的投资者既是基金的委托人，又是基金的受益人

【答案】B

【解析】公司型基金是依据基金公司章程设立，在法律上具有独立法人地位的股份投资公司，A 项错误；公司型基金以发行股份的方式募集资金，C 项错误；公司型基金的投资者购买基金公司的股份后，以基金持有人的身份成为该公司的股东，凭其持有的股份依法享有投资收益，D 项错误。因此正确选项是 B。

【例题 20·多项选择题】一般来说，货币市场基金的投资对象包括（　　）。

A. 商业票据　　　　　　　　　B. 银行短期存款

C. 国库券　　　　　　　　　　D. 大额可转让定期存单

【答案】ABCD

【解析】货币市场基金是以货币市场工具为投资对象的一种基金。通常投资于银行短期存款、大额可转让存单、国库券、公司债券、商业票据等货币市场工具。因此 ABCD 都正确。

九、证券投资基金的费用与估值

1. 证券投资基金的费用

基金投资的目的是要获取利润，但是在基金投资中还有一些必不可少的费用。主要包括：

（1）基金管理费。基金管理费率通常与基金规模成反比，与风险成正比。

（2）基金托管费。指基金托管人为保管和处置基金资产而向基金收取的费用。托管费通常按照基金资产净值的一定比率提取，逐日计算并累计，按月支付给托管人。托管费费率因基金种类不同而不同。

（3）基金交易费。指基金在进行证券买卖交易时所发生的相关交易费用。目前，我国证券投资基金的交易费用主要包括：印花税、交易佣金、过户费、经手费、证管费。

（4）基金运作费。指为保证基金正常运作而发生的应由基金承担的费用，包括审计费、律师费、上市年费、信息披露费、分红手续费、开户费、银行汇划手续费等。

（5）基金销售服务费。指从基金资产中扣除的用于支付销售机构佣金以及基金管理人的基金销售广告费、促销活动费、持有人服务费等方面的费用。基金销售服务费目前只有货币市场基金以及其他经中国证监会核准的基金产品收取。

【例题 21·多项选择题】基金管理费通常与（　　）。

A. 基金规模成反比　　　　　　B. 基金规模成正比

C. 风险成反比　　　　　　　　D. 风险成正比

【答案】AD

【解析】基金管理费通常与基金规模成反比，与风险成正比。基金规模越大，基金管理费越低；基金风险程度越高，基金管理费越高。因此 AD 正确。

2. 证券投资基金的估值

基金资产总值是指基金所拥有的各类证券的价值、银行存款本息、基金应收的申购基金款以及其他投资所形成的价值总和。基金资产净值是指基金资产总值减去负债后的价值。基金单位净值是指某一时点上某一投资基金每份基金份额实际代表的价值。

【例题22·多项选择题】基金资产总值是指基金所拥有的（　　）所形成的的价值总和。

A. 各类证券的价值　　　　　　　B. 银行存款本息
C. 基金应收的申购基金款　　　　D. 其他投资

【答案】ABCD

【解析】从基金资产总值的含义可知，以上四项都属于构成基金资产总值所包含的内容，因此ABCD正确。

思考与练习

一、单项选择题

1. 上市公司股票的市场价格一般是指（　　）。
   A. 股票二级市场交易价格　　　B. 股票的账面价值
   C. 股票的票面价值　　　　　　D. 股票的发行价格

2. 证券投资基金的资金主要投向于（　　）。
   A. 实业　　　　　　　　　　　B. 珠宝玉石
   C. 有价证券　　　　　　　　　D. 股票

3. 下列关于股东权利的表述，错误的是（　　）。
   A. 普通股股东有重大决策参与权　　B. 普通股股东有公司资产收益权
   C. 优先股股东一般没有投票表决权　D. 优先股股东具有优先认购新股的权利

4. 不记名股票和记名股票的区别主要表现在（　　）。
   A. 股票名称　　　　　　　　　B. 股票编号
   C. 股票的记载方式　　　　　　D. 股东权利

5. 公司配股时，原股东可以优先认购股份的数量应当（　　）。
   A. 按持股比例确定　　　　　　B. 无限制
   C. 由股份公司确定　　　　　　D. 按个人经济实力确定

6. 下列不属于我国证券投资基金交易费用的是（　　）。
   A. 上市年费　　　　　　　　　B. 印花税
   C. 过户费　　　　　　　　　　D. 证管费

7. 证券投资基金通过公开发售（　　）募集资金。

A. 理财产品 B. 有价证券
C. 企业债券 D. 基金份额
8. 基金管理人作为受托人，必须履行（　　）。
A. 诚信义务 B. 保密义务
C. 信息披露义务 D. 收益分配义务
9. 股票的清算价值是公司清算时每一股份所代表的（　　）。
A. 账面价值 B. 资产价值
C. 实际价值 D. 清算资金
10. 优先股的特征不包括（　　）。
A. 股息率固定 B. 股息分派优先
C. 剩余财产分配优先 D. 具有优先认股权
11. 本期获得债券利息额与债券本期市场价格的比率是（　　）。
A. 名义收益率 B. 到期收益率
C. 当期收益率 D. 持有期收益率
12. 如果某债券的年利息支付为10元，面值为100元，市场价格为90元，则其当期收益率为（　　）。
A. 5% B. 11.1%
C. 10% D. 12%
13. 不属于债券特征的是（　　）。
A. 安全性 B. 流动性
C. 永久性 D. 收益性
14. 以下按照风险从低到高排列的是（　　）。
A. 股票、债券、基金 B. 股票、基金、债券
C. 债券、基金、股票 D. 基金、股票、债券
15. 开放式基金所特有的风险是（　　）。
A. 市场风险 B. 管理风险
C. 巨额赎回风险 D. 技术风险

二、多项选择题

1. 短期国库券的特点，包括（　　）。
A. 违约风险较小 B. 流动性强
C. 违约风险大 D. 流动性弱
2. 股票应载明的事项主要包括（　　）。
A. 公司名称及成立日期 B. 股票种类
C. 票面金额及代表的份数 D. 股票的编号
3. 债券的性质可以表述为（　　）。

A. 债券属于有价证券　　　　　　B. 债券是一种真实资本
C. 债券是债权的表现　　　　　　D. 债券是所有权凭证

4. 有面额股票是指在股票票面上记载一定金额的股票，这一记载的金额被称为（　　）。
   A. 股票价值　　　　　　　　　B. 股票面值
   C. 票面价值　　　　　　　　　D. 票面金额

5. 封闭式基金与开放式基金的区别有（　　）。
   A. 期限不同　　　　　　　　　B. 发行规模限制不同
   C. 基金份额的交易价格计算标准不同　　D. 投资策略不同

6. 我国企业债券和公司债券的主要不同包括（　　）。
   A. 发行方式及其审核方式不同　　B. 担保要求不同
   C. 发行主体范围不同　　　　　　D. 发行定价方式不同

7. 基金托管费的计提，通常有（　　）。
   A. 按基金资产净值的一定比例提取　　B. 按基金资产总值的一定比例提取
   C. 逐日计算，按月支付　　　　　　　D. 按月计算，一次支付

8. 构成基金的要素有多种，因此可以依据（　　）的差异对其进行分类。
   A. 运作方式　　　　　　　　　B. 组织形式
   C. 投资对象　　　　　　　　　D. 募集方式

9. 证券投资基金的特点，主要表现为（　　）。
   A. 集合理财，专业管理　　　　B. 组合投资，分散风险
   C. 利益共享，风险共担　　　　D. 严格监管，信息透明

10. 下列关于普通股股东表决权的说法，正确的有（　　）。
    A. 普通股股东对公司重大决策参与权是平等的
    B. 股东每持有一份股份，就有一票表决权
    C. 对于各个股东来说，其表决权的数量视其购买的股票份数而定
    D. 普通股股东只能自己出席股东大会，不得委托他人代为行使表决权

三、判断题

1. 在我国，基金托管人通常由依法设立并取得基金托管资格的商业银行担任。（　　）
2. 目前，我国的国债投资品种主要有凭证式国债、记账式国债及电子储蓄国债。（　　）
3. 开放式基金规模不固定，但可以上市流通。（　　）
4. 证券投资基金反映的是一种信托关系。（　　）
5. 作为公司的股东，可以依法对公司的财产进行支配处理。（　　）
6. H股、S股、N股、L股等属于境外上市外资股。（　　）

7. 地方政府债券具有本金安全、收益稳定的特点，投资地方政府债券的投资者是不用承担信用风险的。（　　）

8. 任何公司债券都存在着信用风险，但也有某些公司债券的安全性不低于地方政府债券甚至高于某些政府债券。（　　）

四、问答题

1. 阐述股票、债券、基金有何区别？
2. 封闭式基金与开放式基金有何不同？
3. 普通股有什么特点？普通股股东主要有哪些权利？
4. 什么是证券投资基金？有何特点？

五、计算题

1. 如果某债券面值为100元，本期获得的利息（票面收益）为8元，当前市场交易价格为80元，则该债券的名义收益率和当期收益率分别是多少？

2. 某公司以900元的价格购入5年期的票面金额为1000元的债券，票面收益率为10%，公司持有3年后到期偿还。那么购买该债券的到期收益率是多少？

3. 华夏成长（000001）的认购费率为0.8%，基金单位面值为1元，申购费率有三档：申购金额在100万以下，申购费率为1.8%；100万（含）~500万之间，申购费率为1.5%；500万（含）以上，申购费率为1.2%。华夏成长的赎回率为0.5%，问：

（1）如果华夏成长基金设立之时，投资者认购50万元，其支付的认购费和认购的基金份额分别是多少？

（2）假设该基金在某个开放日2013年12月16日的基金单位净值为0.965元，有三笔申购金额分别是50万、120万、600万，那么这三笔申购所负担的申购费和申购的基金份额分别是多少？

（3）如果投资者在2013年12月16日赎回50万华夏成长基金份额，可以赎回的现金有多少？

第三章

证券投资工具——衍生金融工具

 本章基本内容框架

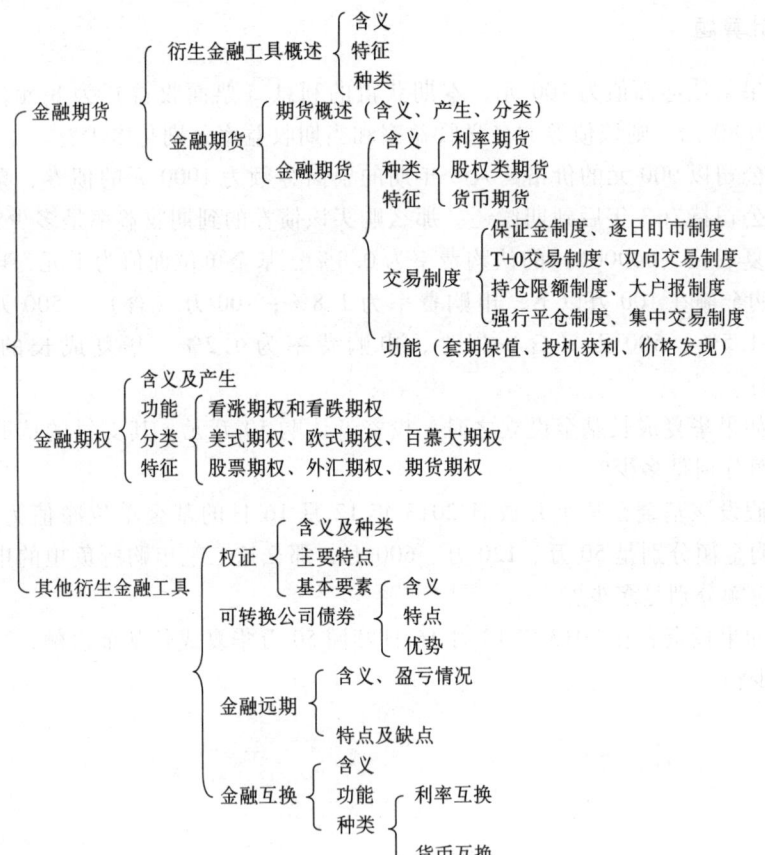

 重点、难点讲解及典型例题

一、衍生金融工具的特征

衍生金融工具是指在一定的原生性或基础性金融工具（如股票、债券、货币等）

的基础上派生出来的金融工具。一般表现为一种合约，合约中载明买卖双方交易品种、价格、数量、交割时间和地点等内容，其价值由作为标的物的基础性金融工具的价格决定。目前，在金融市场上运用最广泛的衍生金融工具主要是金融期货、金融期权、金融远期、金融互换。

衍生金融工具与基础金融工具相比，主要有如下特征：

1. 杠杆性。衍生金融工具交易一般只需要支付少量保证金或权利金就可以签订远期大额合约或互换不同的金融工具。

2. 高风险性。衍生金融工具的交易后果取决于交易者对基础工具（变量）未来价格（数值）的预测和判断的准确程度。基础工具价格的变幻莫测决定了衍生金融工具交易盈亏的不稳定性，这是衍生金融工具高风险性的重要诱因。

3. 跨期性。衍生金融工具是交易双方通过对利率、汇率、股价等因素变动趋势的预测，约定在未来时间按照一定条件进行交易或选择是否交易的合约。无论是哪一种衍生金融工具，都会影响交易者在未来一段时间内或未来某时点上的现金流，跨期交易的特点十分突出。这就要求交易双方对利率、汇率、股价等价格因素的未来变动趋势作出判断，而判断的准确与否直接决定了交易者的交易盈亏。

4. 联动性。这是指衍生金融工具的价值与基础产品或基础变量紧密联系、规则变动。通常，衍生金融工具与基础变量相联系的支付特征由衍生工具合约规定，其联动关系既可以是简单的线性关系，也可以表达为非线性函数或者分段函数。

【例题1·单项选择题】对投机者进行金融衍生工具交易时，要想获得交易的成功，必须对利率、汇率、股价等因素变动的趋势作出预测，这是衍生金融工具的（ ）所决定的。

A. 跨期性　　　　　　　　　　B. 杠杆性
C. 风险性　　　　　　　　　　D. 联动性

【答案】A

【解析】衍生金融工具的跨期性是指：交易双方通过对利率、汇率、股价等因素变动趋势的预测，约定在未来时间按照一定条件进行交易或选择是否交易的合约。无论是哪一种衍生金融工具，都会影响交易者在未来一段时间内或未来某时点上的现金流，跨期交易的特点十分突出。这就要求交易双方对利率、汇率、股价等价格因素的未来变动趋势作出判断，而判断的准确与否直接决定了交易者的交易盈亏。只有A符合，因此选A。

二、金融期货的含义、特征及种类

1. 金融期货的含义及特征

金融期货是指在固定交易所内进行的，交易双方按照约定的时间和价格买入或卖出某种金融资产的标准化合约，它通常以外汇、利率、个股和股票价格指数等为标的物。

与现货交易相比，金融期货具有的特征：

（1）交易对象不同。金融期货交易的对象是标准化的金融期货合约。

（2）交易目的不同。金融期货交易与金融现货交易不同，它不能创造价值，不是投资工具，是一种风险管理工具。风险厌恶者可以利用它进行套期保值、规避风险，风险偏好者则利用它承担更大的风险。

（3）交易价格的含义不同。金融期货的交易价格也是在交易过程中形成的，但这一交易价格是对金融现货未来价格的预期，这相当于在交易的同时发现了金融现货基础工具（或金融变量）的未来价格。因此，从这个意义上看，期货交易过程也就是未来价格的发现过程。

（4）交易方式不同。金融期货交易实行保证金交易或逐日盯市制度，交易者并不需要在成交时拥有或借入全部资金或基础金融工具。

（5）结算方式不同。金融期货交易中，仅有极少数的合约到期进行交割交收（一般在实物期货交易中采取实物交割方式较多），绝大多数的期货合约是通过做相反交易实现对冲平仓的，还有部分金融期货如股指期货通过现金交割方式。

【例题2·多项选择题】金融期货的特征分为（　　）。
A. 期货合约非标准化
B. 期货合约一般在交易所进行
C. 期货合约流动性较差
D. 期货合约有保证金制度

【答案】BD

【解析】金融期货合约特征包括标准化，即期货合约的合约规模、交割日期、交割地点等都是标准化的，在合约上有明确的规定，无须双方再商定；期货合约都在交易所进行，交易双方不直接接触，而是各自跟交易所的清算部或专设的清算公司结算；期货合约流动性强，期货合约的买者或卖者可在交割日之前采取对冲交易以结束其期货头寸，而无须进行最后的实物交割；保证金制度，期货交易实行保证金交易，即期货交易中，买卖双方都必须在各自的经纪商开立保证金账户，存入一定比例的保证金；每日清算制度。所以选BD。

【例题3·单项选择题】关于金融期货交易与金融现货交易的表述中，错误的是（　　）。
A. 成熟市场中，金融期货交易通常允许进行保证金买入或卖空
B. 金融期货交易中，交易者需要在成交时拥有或借入全部资金或基础金融工具
C. 金融现货交易一般要求在成交后的几个交易日内完成资金与金融工具的全额结算
D. 在金融期货交易中，绝大多数的期货合约是通过做相反交易实现对冲而平仓的

【答案】B

【解析】金融期货交易实行保证金交易或逐日盯市制度，交易者并不需要在成交时拥有或借入全部资金或基础金融工具。因此B项表述错误，所以选B，其他三项表

述正确。

【例题 4·多项选择题】下列关于金融期货交易与金融现货交易的区别,正确的是（   ）。

A. 金融期货交易的对象是某一具体形态的金融工具
B. 金融期货交易的对象是金融期货合约
C. 金融现货交易的首要目的是筹资或投资
D. 金融期货交易是一种投资工具,能够创造价值

【答案】AB

【解析】金融期货交易的首要目的是套期保值,即为不愿承担价格风险的生产经营者提供成本的条件,从而保证生产经营活动的正常进行,金融现货交易却不是如此,而是为了取得价值和收益。因此上述说法中,只有 AB 正确。

2. 金融期货的种类

金融期货种类很多。按基础工具不同,金融期货可分为利率期货、股权类期货、外汇期货。见表 3-1：

表 3-1   金融期货的种类

基本种类	主要的具体种类
利率期货	国债期货
股权类期货	股票期货、股票价格指数期货
外汇期货（货币期货）	美元期货、英镑期货、欧元期货

【例题 5·单项选择题】股指期货采用的交割方式是（   ）。

A. 对冲交割
B. 实物交割
C. 现金交割
D. 以上都不对

【答案】C

【解析】由于股指期货以股票价格指数作为标的物,而股票价格指数作为一种价格指数,是看不见摸不着的,因此不适用商品期货中常见的实物交割方式。另外,股指期货一般也不是通过对冲方式结束,主要是根据股票价格指数的涨跌幅度,按照每点代表金额,计算出来,最后将此金额进行结算,因此属于现金交割,所以选 C。

三、金融期货的功能及交易制度

1. 金融期货的功能

金融期货的功能主要有套期保值功能、投机功能、价格发现功能。

（1）套期保值功能

套期保值是指交易者为了配合现货市场的交易,而在期货等衍生金融工具市场进行与现货市场方向相反的交易,以便达到转移、规避价格变动风险的行为。

套期保值的基本类型有两种:一是多头套期保值,是指持有现货空头（如持有

股票空头或外汇空头）的交易者担心将来现货价格上涨（如股市大盘上涨或结算货币升值）而给自己造成的经济损失，于是买入期货合约（建立期货多头）。二是空头套期保值，是指持有现货多头（如持有股票多头或外汇多头）的交易者担心将来现货价格下跌（如股市大盘下跌或结算货币贬值）而给自己造成的经济损失，在期货市场卖出期货合约（建立期货空头）。

（2）投机套利功能

只要资产价格存在波动，就有投机套利的可能，投机的目的是为了获取价差。当投机者预测资产价格会上升时，便做多头，买进期货等金融合约，并在价格涨到自己理想的价位时适时卖出合约平仓，从而获得价差收益。相反，当投机者预测资产价格会下跌时，做空头卖出期货等金融合约，并在价格下跌过程中适时买回相同的期货合约平仓，获取高卖低买的差价收益。投机者与套期保值者不同的是，投机者的投机行为完全是一种买空卖空行为，他们没有也不需要在现货市场上拥有现货资产。

（3）价格发现功能

金融期货交易不同于现货交易，属于跨期交易。金融期货是规范化、标准化合约，合约中载明买卖双方交易的品种、价格、数量、交割时间和地点等内容。交易品种的价格在合约签订时就已经确定，这个价格的确定是基于买卖双方对交易标的物的未来价格的预期。在金融期货的存续期内，金融期货的市场价格会伴随着交易者对交易标的物的未来价格预期的改变而波动。因此，如果市场竞争是充分和有效的，那么金融期货的市场价格就是对标的物未来价格的事先发现，能够相对准确地反映交易者对标的物未来价格的预期。

【例题6·多项选择题】套期保值的基本做法是（　　）。
A. 持有现货空头，买入期货合约　　B. 持有现货空头，卖出期货合约
C. 持有现货多头，卖出期货合约　　D. 持有现货多头，买入期货合约

【答案】AC

【解析】套期保值是金融期货的重要功能。套期保值有两种基本类型：一是多头套期保值，是指持有现货空头（如持有股票空头或外汇空头）的交易者担心将来现货价格上涨（如股市大盘上涨或结算货币升值）而给自己造成的经济损失，于是买入期货合约（建立期货多头）；二是空头套期保值，是指持有现货多头（如持有股票多头或外汇多头）的交易者担心将来现货价格下跌（如股市大盘下跌或结算货币贬值）而给自己造成的经济损失，在期货市场卖出期货合约（建立期货空头）。只有AC表述正确，所以选AC。

【例题7·单项选择题】若持有现货多头的交易者担心将来现货价格下跌，于是在期货市场卖出期货合约，这种交易方式称为（　　）。
A. 空头套期保值　　　　　　　　B. 多头套期保值
C. 牛市套期保值　　　　　　　　D. 熊市套期保值

【答案】A

【解析】空头套期保值是指持有现货多头（如股票多头）的交易者担心将来现货价格下跌，于是在期货市场卖出期货合约（建立期货空头），当现货市场价格下跌时以期货市场的盈利来弥补现货市场的亏损。所以本题选 A。

2. 金融期货交易制度

金融期货的交易制度主要有：

（1）保证金制度。保证金比例较低（一般为期货合约价值的 5%～20%），因此期货交易具有高度的杠杆作用。

（2）逐日盯市制度。又称为每日无负债结算制度，即期货交易是每天进行结算的，而不是到期一次性进行的，这是期货交易与其他衍生工具交易方式最大的不同。具体负责清算的是清算所，主要是为及时调整保证金账户，控制市场风险。

（3）T+0 交易制度。指当天买入的期货合约当天就可以卖出。通过这种交易，投资者不仅能在一天进行多轮的买卖开仓平仓，增加资金的周转率，而且在行情发生较大波动时，投资者还可以快速改变头寸方向，避免风险从中获利。

（4）双向交易制度。期货交易最大的特点是可以双向交易，即既可以买入开仓，又可以在没有持仓的情况下卖出期货合约开仓，既可以做多也可以做空。

（5）持仓限额制度。指交易所规定的会员或客户对某一合约单边持仓的最大数量。这是交易所为了防止市场风险过度集中和防范操纵市场的行为，而对交易者持仓数量加以限制。

（6）大户报告制度。交易所建立限仓制度后，当会员或客户的持仓量达到交易所规定的数量时，必须向交易所申报有关开户、交易、资金来源、交易动机等情况，以便交易所审查大户是否有过度投机和操纵市场行为，并判断大户交易风险状况的风险控制制度。交易所可以根据市场风险状况，公布持仓报告标准。

（7）强行平仓制度。当交易所会员或客户的交易保证金不足并未在规定时间内补足，或当会员或客户的持仓量超出规定的限额，或当会员或客户违规时，交易所为了防止风险进一步扩大，将对其持有的未平仓合约进行强制性平仓处理，这就是强行平仓制度。

（8）集中交易制度。金融期货在期货交易所或证券交易所进行集中交易。期货交易所是专门进行期货合约买卖的场所，是期货市场的核心，承担着组织、监督期货交易的重要职能。

【例题 8·单项选择题】金融期货的交易制度主要包括（　　）。
①集中交易制度　　　　　②大户报告制度
③保证金制度　　　　　　④逐日盯市制度
A. ①②③　　　　　　　　B. ①②③④
C. ②③④　　　　　　　　D. ①②④

【答案】B

【解析】金融期货交易制度包括有：保证金制度、逐日盯市制度、大户报告制度、双向交易制度、持仓限额制度、强行平仓制度、集中交易制度,上述四项都是,所以 B 正确。

【例题 9 · 单项选择题】 关于保证金制度,表述错误的是(   )。

A. 期货买卖双方都需要交保证金

B. 保证金比例一般为期货合约价值的 5% ~20%

C. 维持保证金是投资者平仓之前,投资者必须始终保留在保证金账户上的最高金额

D. 保证金发挥了以小博大的杠杆作用

【答案】 C

【解析】 为了控制期货交易的风险和提高交易效率,期货交易所的会员经纪公司必须向交易所或结算所缴纳结算保证金,而期货交易双方在成交后都要通过经纪人向交易所或结算所缴纳一定数量的保证金。因此 A 对。由于保证金比例较低(一般为期货合约价值的 5% ~20%),因此期货交易具有高度的杠杆作用。因此 BD 对。保证金分为初始保证金和维持保证金,维持保证金是投资者平仓之前,投资者必须始终保留在保证金账户上的最低金额,它通常是初始保证金水平的 75%。因此错误的为 C,所以选 C。

四、金融期权的含义及特征

1. 金融期权的含义

金融期权是指期权的买方有权在期权合约约定的时间内或某一时点,按事先约定的价格买入或卖出一定数量的某种金融资产,也可以根据需要放弃行使权利。

为了取得这一权利,买方必须向卖方支付一定的期权费。行使权利时的价格叫执行价格、协定价格或履约价格。在期权交易中,买方只有权利,不负有必须买进或卖出的义务。即期权买方拥有选择是否行使买入或卖出金融资产的权利,而期权卖方必须无条件服从买方的选择并履行成交时的允诺。

2. 金融期权的特征

(1) 本质是权利的买卖

与金融期货相比,金融期权的主要特征在于它仅仅是买卖权利的交换。期权的买方在支付了期权费后,就获得了期权合约所赋予取得权利。

(2) 买卖双方权利义务不对称

期权交易不同于期货交易。期货交易双方既有权利又有义务,双方都需要交保证金。而在期权交易中,买方只有权利而没有义务,而卖方只有义务没有权利,而且卖方必须按照规定比例缴纳保证金。

(3) 交易双方盈亏分布不对称

对于期权的买方来说,可以实现有限的亏损和无限的收益;对于期权的卖方来说,则恰好相反,即损失无限而收益有限。

【例题 10·多项选择题】金融期货与金融期权交易双方缴纳履约保证金存在差异，下列说法中正确的（   ）。

A. 金融期货交易双方均需开立保证金账户，并按规定缴纳履约保证金
B. 金融期权交易双方均需开立保证金账户，并按规定缴纳履约保证金
C. 金融期权交易中只有期权出售者才需要开立保证金账户，并按规定缴纳履约保证金
D. 金融期权交易中，期权的购买者无须开立保证金账户，也无须缴纳保证金

【答案】ACD

【解析】金融期货交易与金融期权交易双方在开立保证金方面不同：金融期货交易双方均需开立保证金账户，并按规定缴纳履约保证金；而金融期权交易中只有卖方开立保证金账户，缴纳保证金。因此上述四项中，只有 B 项错误，所以选 ACD。

【例题 11·多项选择题】如下列符合看涨期权购买者盈亏的是（   ）。

A. 潜在亏损是有限的　　　　　B. 潜在亏损是无限的
C. 潜在盈利是有限的　　　　　D. 潜在盈利是有限的

【答案】AD

【解析】从金融期权的特征看，购买者在交易中的潜在亏损是有限的，仅限于支付的期权费，而取得的盈利却是无限的；相反，期权出售者在交易中取得的盈利是有限的，仅限于收取的期权费，而潜在亏损是无限的。上述表述只有 AD 符合，所以选 AD。

五、金融期权的种类

1. 看涨期权和看跌期权

按买方拥有的权利划分，分为看涨期权和看跌期权。

（1）看涨期权

看涨期权也称认购权，指期权的买方有权在期权合约约定的时间内或某一时点，按事先约定的价格从期权卖方手中买入一定数量的某种金融资产的期权合约。

（2）看跌期权

看跌期权也称认沽权，指期权的买方有权在期权合约的约定的时间内或某一时点，按事先约定的价格向期权卖方卖出手中一定数量的某种金融资产的期权合约。

【例题 12·单项选择题】交易者之所以买进看涨期权，是因为他们预期基础金融工具的价格在合约期限内将会（   ）。

A. 难以判断　　　　　　　　　B. 不变
C. 下跌　　　　　　　　　　　D. 上涨

【答案】D

【解析】交易者之所以买进看涨期权，是因为他们预期基础金融工具的价格在合约期限内将会上涨，如果判断正确，按协定价买入并以市价卖出标的资产，赚取差

价；如果判断失误，则放弃行使权利，仅损失期权费，所以正确选项应为 D。

【例题 13·多项选择题】金融期权中关于协定价格和市场价格的关系，正确的是（　　）。

A. 看涨期权的协定价格低于标的资产的市场价格
B. 看涨期权的协定价格高于标的资产的市场价格
C. 看跌期权的协定价格高于标的资产的市场价格
D. 看跌期权的协定价格低于标的资产的市场价格

【答案】AC

【解析】看涨期权中购买者有买入资产的权利，而且当协定价格低于市场价格时，买方行权有利；看跌期权中购买者有卖出资产的权利，而且当协定价格高于市场价格时，买方行权有利。因此上述表述只有 AC 是正确的。

2. 美式期权、欧式期权和百慕大期权

按期权的交割时间划分，分为美式期权、欧式期权、修正的美式期权。

（1）美式期权

美式期权是指在期权合约规定的有效期内任何时候都可以行使权利。期权买方既可以在期权到期日这天行权，也可以在到期前任何一个营业日行权，比较灵活，但期权费相对要高。

（2）欧式期权

欧式期权是指在期权合约规定的到期日方可行使权利。期权的买方在合约到期日之前不能行使权利，过了期限，合约则自动作废。

（3）修正的美式期权

修正的美式期权也称为"百慕大期权"，期权买方可以在期权到期日之前的一系列规定日期行使权利。

【例题 14·单项选择题】当期权购买者只能在期权到期日才能购买标的资产，此为（　　）。

A. 看涨欧式期权　　　　　　　　B. 看涨美式期权
C. 看跌欧式期权　　　　　　　　D. 看跌美式期权

【答案】A

【解析】看涨期权也称认购权，指期权的买方有权在期权合约约定的时间内或某一时点，按事先约定的价格从期权卖方手中买入一定数量的某种金融资产的期权合约。欧式期权是指在期权合约规定的到期日方可行使权利。期权的买方在合约到期日之前不能行使权利，过了期限，合约则自动作废。结合起来看，所以选 A。

六、权证、可转换公司债券

1. 权证

权证（Warrant）是一种金融衍生工具，也是一种有价证券，指的是标的证券发行人或其以外的第三方发行，约定持有人在规定时间内或特定日期，有权按照约定价格向发行人购买或出售标的证券或以现金结算方式收取结算差价。

简单说，权证是一种有价证券，投资者付出权利金购买后，有权利（而非义务）在某一特定期间（或特定时点）按约定价格向发行人购买或者出售标的证券。

权证的种类见表 3 – 2：

表 3 – 2　　　　　　　　　　　　权证的种类

分类依据	具体种类
按权证行权的基础资产或标的资产	股权类权证、债券类权证及其他权证
按基础资产的来源不同	认股权证和备兑权证
按买卖方向或者持有人权利不同	认购权证和认沽权证
按权利行使期限	美式权证、欧式权证、百慕大式权证

【例题 15 · 单项选择题】下列关于认股权证表述不正确的是（　　）。
A. 认股权证一般由基础证券的发行人发行
B. 认股权证就是看涨期权
C. 认股权证行权时会增加公司的股本量
D. 认股权证也称股本权证
【答案】B
【解析】认股权证也称股本权证，一般由基础证券的发行人发行，是股份公司向股东发放的一种凭证，授权其持有者在一个特定期间以特定价格购买特定数量的公司股票。认股权证与看涨期权相比，既有相同点也有差别。当持有人行权时，会增加公司的股本量。因此 ACD 三项表述都正确，所以不正确的选 B。

2. 可转换公司债券

可转换公司债券是可转换证券的一种。广义上说，可转换证券是一种证券，其持有人有权将其转换成另一种不同性质的证券。如期权、认购权证等可以称为可转换证券。但从狭义上说，可转换证券主要包括可转换公司债券和可转换优先股。

可转换公司债券的特点：

（1）债权性。可转换公司债券首先是一种公司债券，是固定收益证券，具有确定的债券期限和定期利息率，为可转换公司债券投资者提供了稳定利息收入和还本保证，因此可转换公司债券具有充分的债权性性质。

（2）股票期权性。可转换公司债券为投资者转换成股票的权利，这种权利具有选择权的含义，也就是投资者既可以行使转换权，将可转换公司债券转换成股票，也可以放弃这种转换权，持有债券到期。

也就是说，可转换公司债券包含了股票看涨期权的特征，投资者通过持有可转换公司债券可以获得股票上涨的收益。因此，可转换公司债券是股票期权的衍生品，往往将其视作期权类的二级金融衍生品。

【例题 16 · 多项选择题】 下列关于可转换债券的特点及优势,表述正确的是( )。

A. 可转换债券具有债券性,持有人可以获得固定收益

B. 可转换债券具有股票期权性,持有人可根据情况具有选择转换或不转换成股票的权利

C. 可转换债券发行的利率往往要比公司直接发行债券的利率要高

D. 可转换债券为投资者提供了一种规避风险的渠道

【答案】 ABD

【解析】 可转换债券具有债券性,首先是一种公司债券,是固定收益证券。因此 A 对。可转换债券具有股票期权性。可转换公司债券为投资者转换成股票的权利,这种权利具有选择权的含义,也就是投资者既可以行使转换权,将可转换公司债券转换成股票,也可以放弃这种转换权,持有债券到期。因此 B 对。对于发行人,以可转换公司债券融资比直接发行债券或股票更为有利,因为可转换公司债券的利率比直接发行的公司债券的利率要低,如果可转换公司债券未被转换,相当于公司发行了较低利率的债券,大大降低了筹资成本。因此 C 错误。而对于投资者,可转换公司债券的持有人实际多了一项品种选择,也多了一条规避风险的渠道。因此 D 对。所以本题选择 ABD。

七、金融远期及金融互换

1. 金融远期

金融远期是指双方约定在未来的某一确定时间,按确定的价格买卖一定数量的某种金融资产的合约交易。

金融远期合约最主要的特点是一种非标准化合约,因此它不在固定的交易所交易,而是在场外市场交易。在签署远期合约之前,双方可以就交割地点、交割时间、交割价格、合约规模、标的物的品质等细节进行谈判,协商确定以便尽量满足双方的需要。因此远期合约跟期货合约相比,灵活性较大,这也是远期合约的主要优点。但是金融远期交易效率低,流动性较差,同时由于履约没有保证,因此风险较大。

【例题 17 · 判断题】 金融远期交易实行保证金制度和逐日清算制度,交易者均以交易所(或期货清算公司)为交易对手,基本不用担心交易违约。 ( )

【答案】 ×

【解析】 金融远期交易虽然实行保证金制度,但由于不在固定的交易所内交易,因此不实行逐日清算制度,题中表述的是金融期货的特点。另外,远期交易存在一定的交易对手违约的风险。所以本题是错误的。

2. 金融互换

金融互换(Financial Swaps)是指交易双方利用各自筹资机会的比较优势,以商定的条件将不同币种或不同利息的资产或负债在约定的期限内互相交换,以避免将来

利率或汇率变动的风险，并实现筹资成本降低的一种交易活动。简单来说即两个或两个以上当事人按照商定条件，在约定的时间内，交换一系列现金流的合约。

互换交易主要是以著名经济学家大卫李嘉图的比较优势理论为基础，金融互换是比较优势理论在金融领域最生动的运用。

金融互换主要种类有利率互换、货币互换。通过金融互换交易，可以达到避险保值的目的，同时还具有降低融资成本、调整财务结构、规避管制等功能。

【例题 18·单项选择题】金融互换交易的主要用途是改变交易者（　　）的风险结构，从而规避相应的风险。

A. 资产　　　　　　　　　　B. 负债
C. 资产和负债　　　　　　　D. 资产或负债

【答案】D

【解析】金融互换交易的主要用途是改变交易者资产或负债的风险结构（如利率或汇率结构），从而规避相应的风险。所以选 D。

思考与练习

一、单项选择题

1. 衍生金融工具产生的最基本原因是（　　）。
   A. 避险　　　　　　　　　　B. 利润驱动
   C. 金融自由化　　　　　　　D. 新技术革命

2. 期权就是买方向卖方支付一定的费用，约定在未来某个特定的时间，以特定的价格买进或卖出某特定资产的权利。其中"特定的价格"指的是（　　）。
   A. 期权费　　　　　　　　　B. 结算价
   C. 保证金　　　　　　　　　D. 行权价

3. 只能在期权到期时才能行权的期权类型是（　　）。
   A. 欧式期权　　　　　　　　B. 美式期权
   C. 百慕大期权　　　　　　　D. 修正的美式期权

4. 衍生金融工具交易一般只需要支付少量的保证金或权利金就可以签订远期大额合约或互换不同的金融工具，这体现衍生金融工具的（　　）。
   A. 跨期性　　　　　　　　　B. 联动性
   C. 杠杆性　　　　　　　　　D. 高风险性

5. 股权类衍生金融工具是指以（　　）为基础的金融工具。
   A. 各种货币
   B. 股票或股票价格指数
   C. 利率或利率的载体

D. 以基础产品所蕴含的信用风险或违约风险

6. 根据（　　），可以将期权分为美式期权、欧式期权和修正的美式期权。
   A. 选择权的性质　　　　　　　　B. 买方行权履约的时间
   C. 基础资产的性质不同　　　　　D. 协定价格与基础资产市场价格的不同

7. 看跌期权的买方对标的资产具有（　　）的权利。
   A. 买入　　　　　　　　　　　　B. 卖出
   C. 持有　　　　　　　　　　　　D. 注销

8. 看跌期权也称为（　　），投资者之所以买入它，是因为预期该看跌期权的标的资产的市场价格将（　　）。
   A. 买入期权　　上涨　　　　　　B. 卖出期权　　上涨
   C. 买入期权　　下跌　　　　　　D. 卖出期权　　下跌

9. 两个或两个以上的当事人按共同商定的条件，在约定的时间内定期交换现金流的金融交易是（　　）。
   A. 金融互换　　　　　　　　　　B. 金融期权
   C. 金融远期　　　　　　　　　　D. 金融期货

10. 可转换债券通常可以转换成的是（　　）。
    A. 优先股　　　　　　　　　　　B. 公司债券
    C. 企业债券　　　　　　　　　　D. 普通股票

11. 金融期货最先产生的交易品种是（　　）。
    A. 利率期货　　　　　　　　　　B. 股票期货
    C. 股指期货　　　　　　　　　　D. 外汇期货

12. 金融期货的（　　），就是通过在现货市场与期货市场建立相反的头寸，从而锁定未来现金流、规避风险的交易行为。
    A. 套期保值功能　　　　　　　　B. 价格发现功能
    C. 投机功能　　　　　　　　　　D. 套利功能

13. 在金融期货交易中，大多数期货合约采取的结算方式是（　　）。
    A. 对冲　　　　　　　　　　　　B. 实物交割
    C. 转手交易　　　　　　　　　　D. 现金交割

14. 在金融期货交易中，（　　）。
    A. 全部合约将在到期前对冲平仓
    B. 仅有极少数合约是通过做相反交易实现对冲而平仓的，绝大多数到期进行实物交割
    C. 全部合约将在到期日进行实物交割
    D. 仅有极少数合约到期进行实物交割，绝大多数是通过做相反交易实现对冲而平仓的

15. 投资者拥有较多资金欲投资股票现货，担心建仓期内大盘出现非预期大幅上

涨导致建仓成本太高，这时可采取的措施为（　　）。
A. 空头套期保值　　　　　　B. 多头套期保值
C. 套利　　　　　　　　　　D. 股票指数期货投机

二、多项选择题

1. 下列属于衍生金融产品的有（　　）。
A. 股票　　　　　　　　　　B. 债券
C. 远期　　　　　　　　　　D. 期货
2. 衍生金融工具的基本特征包括（　　）。
A. 杠杆性　　　　　　　　　B. 联动性
C. 高风险性　　　　　　　　D. 跨期性
3. 金融期权按照交割日期的不同划分，可以分为（　　）。
A. 欧式期权　　　　　　　　B. 美式期权
C. 看涨或看跌期权　　　　　D. 百慕大期权
4. 金融期货与金融期权的区别有（　　）。
A. 基础资产不同　　　　　　B. 现金流转不同
C. 盈亏特点不同　　　　　　D. 履约保证金不同
5. 对金融期货主要交易制度的表述，正确的有（　　）。
A. 只有大户报告制度才能降低市场风险，防止人为操纵，提供公平的市场环境
B. 大户报告制度便于交易所审查大户是否有过度投机和操纵市场行为
C. 限仓制度是对交易持仓数量加以限制的制度
D. 双向交易制度是指期货可以做多也可以做空

三、判断题

1. 理论上，期权的买方在交易中的潜在亏损是有限的，仅限于其支付的期权费，而其取得的收益可能是无限的。　　　　　　　　　　　　　　　　（　　）
2. 认股权证与看涨期权是同一种金融工具，两者无差别，买方都可买入资产。
　　　　　　　　　　　　　　　　　　　　　　　　　　　　　　　（　　）
3. 权证是由证券交易所发行的。　　　　　　　　　　　　　　　　（　　）
4. 金融期货交易与金融现货交易相比，它虽然能创造价值，但不是投资工具，是一种风险管理工具。　　　　　　　　　　　　　　　　　　　　（　　）
5. 金融期货主要有三种类型：利率期货、外汇期货和股票价格指数期货。
　　　　　　　　　　　　　　　　　　　　　　　　　　　　　　　（　　）
6. 股票价格指数期货是为适应投资者管理股市非系统性风险的需要而产生的。
　　　　　　　　　　　　　　　　　　　　　　　　　　　　　　　（　　）

7. 现实中，金融期货交易实行的是 T+0 制度。　　　　　　　（　　）
8. 在期货交易中，只有买方需要缴纳保证金。　　　　　　　（　　）
9. 利率期货的标的物是固定利率的有价证券。　　　　　　　（　　）
10. 金融远期交易与金融期货交易存在本质区别。　　　　　　（　　）

四、问答题

1. 金融期货交易与金融现货交易相比，有哪些特征？
2. 金融期货交易的制度有哪些？
3. 金融期货交易与金融期权交易有哪些区别？

五、计算题

1. 投资人购买一项看涨期权，标的股票的当前市价为 100 元，执行价格为 100 元，到期日为 1 年后的今天，期权价格为 5 元。买入后，投资者就持有看涨头寸，期待未来股价上涨以获取净收益。

请分析：投资人何时行权？何时放弃？何时有收益？何时亏损？

2. 投资人持有执行价格为 100 元的看跌期权，到期日为 1 年后的今天，期权价格为 5 元。请问：

（1）若到期日股票市价为 80 元，是否应该行权？盈亏如何？
（2）若到期日股票市价为 105 元，是否应该行权？盈亏如何？

第四章

证券发行市场

本章基本内容框架

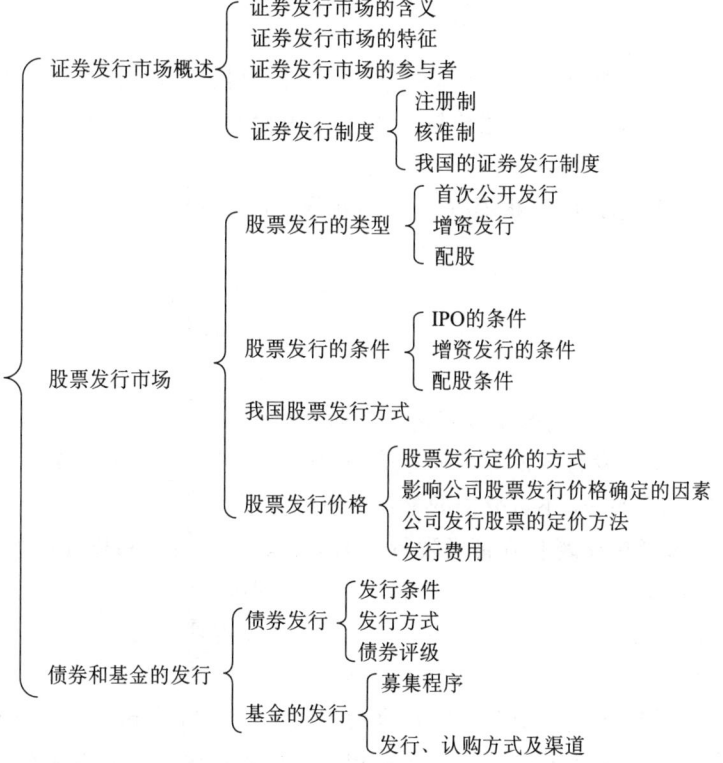

重点、难点讲解及典型例题

一、证券发行市场概述

证券发行是指政府、金融机构、工商企业等以募集资金为目的向投资者出售代表一定权利的有价证券的活动。证券发行市场又称"初级市场"或"一级市场"是筹集资金的公司或政府机构将其新发行的股票和债券等证券销售给最初购买者的金融市场。通过一级市场，发行人筹措到了公司所需资金，而投资人则购买了公司的股票成为公司的股东，实现了储蓄转化为资本的过程。

证券发行市场的作用主要表现在：为资金需求者提供筹措资金的渠道；为资金供应者提供投资机会，实现储蓄向投资的转化；形成资金流动的收益导向机制，促进资源配置的不断优化。

证券发行市场的特征主要有：证券发行市场没有固定场所，可以利用交易所的交易系统实现发行，也可以在证券公司或银行等其他金融机构的柜台发行；证券发行市场没有统一的发售时间，一般也没有例行的规定和要求，发行者可以根据自己的需要和市场行情自行选择何时发行；证券价格的确定十分复杂，往往由发行机构根据发行主体的资产净值情况及发展状况，在充分了解市场需求信息的基础上，采用一定的投标竞价方式确定；证券发行是直接融资的实现形式；证券发行市场的证券具有不可逆转性。

证券发行市场的参与者主要由证券发行人、证券投资者和证券中介机构构成。证券发行制度主要有两种：一是注册制，以美国为代表；二是核准制，以欧洲各国为代表。

【例题1·单项选择题】根据（　　）划分，证券市场可分为证券发行市场和证券交易市场。

A. 市场的效率　　　　　　　B. 市场的作用
C. 市场的功能　　　　　　　D. 交易的标的物

【答案】C

【解析】证券发行市场的功能就是首次向社会公众发行新证券，证券交易市场的功能就是转手买卖已发行的证券。证券市场的两个构成部分既有联系又有区别，相互依存，相互制约，是一个不可分割的整体。所以选C。

【例题2·单项选择题】在证券发行市场上，联系发行人和投资者的是（　　）。

A. 证券发行人　　　　　　　B. 证券投资者
C. 证券中介机构　　　　　　D. 证券监管机构

【答案】C

【解析】在证券发行市场上，中介机构主要包括证券公司、证券登记结算公司、会计师事务所、律师事务所、资信评级公司、资产评估事务所等为证券发行与投资服务的中立机构。它们是证券发行人和投资者之间的中介，在证券发行市场上占有重要地位。所以选C。

【例题3·单项选择题】中国证券市场逐步规范化，其中发行制度的发展（　　）。

A. 始终是审批制　　　　　　B. 由审批制到核准制
C. 始终是核准制　　　　　　D. 由核准制到审批制

【答案】B

【解析】上世纪 90 年代我国股票市场初立，股票发行方式实行"总量控制""额度管理"的审批制。2001 年 3 月 17 日，股票发行核准制正式启动，行政色彩浓厚的审批制退出了历史舞台。所以选 B。

二、股票发行市场

股票发行是指符合条件的发行人以筹资或实施股利分配为目的，按照法定的程序，向投资者或原股东发行股份或无偿提供股份的行为。股票发行的类型主要有：首次公开发行、增资发行和配股。

股票的发行方式可分为两类：公开间接发行和不公开直接发行。股票发行定价方式是指股票发行价格的制度安排，我国通常采用以下几种方式：协商定价、累计投标询价、上网竞价方式、一般询价方式和首次公开发行中向二级市场投资者配售。

影响公司股票发行价格的因素主要有：净资产、盈利水平、发展潜力、发行数量、行业特点和二级市场的环境。公司发行股票主要有以下 4 种定价方法：议价法、竞价法、市盈率法和净资产倍率法。

股票的发行费用是指发行公司在筹备和发行股票过程中发生的费用，主要包括中介机构费、上网发行费和其他费用如印刷费用、宣传广告费用等。

【例题 4·单项选择题】《首次公开发行股票并在创业板上市管理暂行办法》为创业板发行人设置了两项定量业绩指标，其中第一项指标是（　　）。

A. 最近 2 年连续盈利，最近 2 年净利润累计不小于 1000 万元，且持续增长
B. 最近 2 年连续盈利，最近 2 年净利润累计不小于 2000 万元，且持续增长
C. 最近 3 年连续盈利，最近 3 年净利润累计不小于 2000 万元，且持续增长
D. 最近 3 年连续盈利，最近 3 年净利润累计不少于 3000 万元，且持续增长

【答案】A

【解析】创业板对发行人设置了两项定量业绩指标，以便发行申请人选择：第一项指标要求发行人最近两年连续盈利，最近两年净利润累计不少于 1000 万元，且持续增长；第二项指标要求最近 1 年盈利，且净利润不少于 500 万元，最近 1 年营业收入不少于 5000 万元，最近两年营业收入增长率均不低于 30%。所以选 A。

【例题 5·单项选择题】在下列机构中，不符合中国证监会关于首次公开发行股票询价对象规定条件的是（　　）。

A. 商业银行　　　　　　　　B. 证券公司
C. 信托投资公司　　　　　　D. 财务公司

【答案】A

【解析】首次公开发行股票的公司及其主承销商应通过向询价对象询价的方式确定股票发行价格。询价对象是指符合中国证监会规定条件的证券投资基金管理公司、证券公司、信托投资公司、财务公司、保险机构投资者、合格境外机构投资者（QFII）以及其他经中国证监会认可的机构投资者。所以选 A。

【例题6·单项选择题】我国现行的首次公开发行股票的定价方式是（　　）。

A. 协商定价方式　　　　　　　　B. 询价方式

C. 上网竞价方式　　　　　　　　D. 市价折扣方式

【答案】B

【解析】股票发行的定价方式，可以采取协商定价方式，也可以采取询价方式、上网竞价方式等。我国《证券发行与承销管理办法》规定，首次公开发行股票以询价方式确定。所以选 B。

三、债券和基金的发行

债券是政府、金融机构、工商企业等机构直接向社会借债筹措资金时，向投资者发行，并且承诺按一定利率支付利息并按约定条件偿还本金的债权债务凭证。债券的本质是债的证明书，具有法律效力。债券购买者与发行者之间是一种债券债务关系，债券发行人即债务人，投资者（或债券持有人）即债权人。债券的发行方式主要有定向发售、承购包销、直接发售和招标发行。债券信用评级是以企业或经济主体发行的有价债券为对象进行的信用评级，是对具有独立法人资格企业所发行某一特定债券，按期还本付息的可靠程度进行评估，并标识其信用程度的等级。

基金发行是指基金管理公司以筹集受托资金，进行投资管理为目的，按法定条件和程序向社会公众公开出售基金单位的行为。基金的募集是指基金管理公司根据有关规定向中国证监会提交募集申请文件、发售基金份额、募集基金的行为。基金的募集一般要经过申请、核准、发售、基金合同生效四个步骤。基金的发行是指基金发起人在基金设立申请经基金主管机关批准之后，向社会发行基金单位、募集资金的过程。基金的发行方式分为：初次发行和扩募发行、私募发行和公募发行。基金的发行价格是指基金发起人初次发行基金单位时所确定的每单位的价格。基金单位的发行价格一般由基金面值和基金的发行手续费两部分组成。

【例题7·单项选择题】商业证券公司将发行人的证券按照协议全部购入或者在承销期结束时将售后剩余证券全部自行购入的承销方式称为（　　）。

A. 全额包销　　　　　　　　　　B. 余额包销

C. 包销　　　　　　　　　　　　D. 代销

【答案】C

【解析】包销分为全额包销和余额包销两种，证券公司将发行人的证券按照协议全部购入称为全额包销；证券公司在承销期结束时将售后剩余证券全部自行购入的承销方式称为余额包销。无论全额包销还是余额包销承销商都承担一定的风险。所以选 C。

【例题8·多项选择题】基金发行的内容主要包括基金的（　　）。

A. 发行方式　　　　　　　　　　B. 发行价格

C. 发行费用　　　　　　　　　　D. 发行期限

【答案】ABCD

【解析】基金的发行是指基金发起人在基金设立申请经基金主管机关批准之后，向社会发行基金单位、募集资金的过程。基金的发行内容包括发行方式、发行价格、发行费用和发行期限的确定。所以选 ABCD。

思考与练习

一、单项选择题

1. 证券交易的（　　）原则要求证券交易参与各方应依法及时、真实、准确、完整地向社会发布自己的有关信息。

　　A. 公平　　　　　　　　　　B. 公开
　　C. 公正　　　　　　　　　　D. 安全

2. 以募满发行额为止所有投标商的最低中标价格为最后中标价格，全体投标商的中标价格是单一的，这种方式为（　　）。

　　A. 荷兰式　　　　　　　　　B. 美国式
　　C. 既是美国式又是荷兰式　　D. 都不是

3. 根据《证券发行与承销管理办法》的规定，首次公开发行股票数量在（　　）股以上的，可以向战略投资者配售股票。

　　A. 2 亿　　　　　　　　　　B. 2.5 亿
　　C. 3.5 亿　　　　　　　　　D. 4 亿

4. 定向发行又称（　　），即面向少数特定投资者发行。一般由债券发行人与某些机构投资者，如人寿保险公司、养老基金、退休基金等直接洽谈发行条件和其他具体事务，属直接发行。

　　A. 直接发行　　　　　　　　B. 私募发行
　　C. 招标发行　　　　　　　　D. 承购包销

5. 证券公司代发行人发售证券，在承销期结束时，将未售出的证券全部退还给发行人的承销方式是（　　）。

　　A. 代销　　　　　　　　　　B. 余额包销
　　C. 全额包销　　　　　　　　D. 包销

6. 我国《上市公司证券发行管理办法》规定，上市公司非公开发行股票，发行对象均属于原前十名股东的，可以由上市公司（　　）。

　　A. 代销　　　　　　　　　　B. 包销
　　C. 注销　　　　　　　　　　D. 自销

7. 根据我国有关法律规定，发行人申请初次公开发行股票，应当符合的条件之一是，发起人认购的股本数额（少于 4 亿元）不少于公司拟发行股本总额的

（　　）。
- A. 25%
- B. 30%
- C. 35%
- D. 40%

8. 为政府、金融机构和企业提供筹集资金的渠道的是（　　）的基本功能。
- A. 同业拆解市场
- B. 回购协议市场
- C. 证券流通市场
- D. 证券发行市场

9. 证券发行注册制实行（　　）管理原则。
- A. 公开
- B. 公平
- C. 公正
- D. 实质

10. 我国现行证券发行市场中的主要机构投资者是（　　）。
- A. 商业银行
- B. 政策性银行
- C. 保险公司
- D. 证券经营机构

11. （　　）是由发行公司委托证券公司等证券中介机构代理出售证券的发行。
- A. 公募发行
- B. 私募发行
- C. 直接发行
- D. 间接发行

12. 向不特定对象发行的证券票面总值超过人民币（　　）万元的，应当由承销团承销。
- A. 1000
- B. 3000
- C. 5000
- D. 6000

13. 在证券发行制度中，（　　）实质上是一种发行公司的财务公布制度。
- A. 审批制
- B. 特许制
- C. 核准制
- D. 注册制

14. 我国《证券法》规定，向不特定对象发行证券或向特定对象发行证券累计超过（　　）人的，为公开发行，必须经国务院证券监督管理机构或者国务院授权的部门核准。
- A. 150
- B. 180
- C. 200
- D. 230

15. 根据我国有关法律规定，发行人申请初次公开发行股票，应当符合的条件之一是，发起人认购的股本数额（少于4亿元）不少于公司拟发行股本总额的（　　）。
- A. 25%
- B. 30%
- C. 35%
- D. 40%

二、多项选择题

1. 证券交易与证券发行的联系表现为（　　）。
- A. 证券交易与发行相互促进，相互制约
- B. 证券交易决定了证券发行的规模，是证券发行的前提

C. 证券发行为证券交易提供了对象

D. 证券交易使证券的流动性特征显示出来，有利于证券发行的顺利进行

2. 证券发行市场主体由（　　）组成。

A. 证券发行者　　　　　　　　B. 证券投资者

C. 证券中介机构　　　　　　　D. 有价证券

3. 关于证券发行注册制，下列论述正确的有（　　）。

A. 要求发行人提供关于证券发行本身以及同证券发行有关的一切信息

B. 发行人要对所提供信息的真实性、完整性和可靠性承担法律责任

C. 发行人只要充分披露了有关信息，在注册申报后的规定时间内未被证券监管机构拒绝注册，即可进行证券发行，无须再经过批准

D. 实行证券发行注册制证券监管机构应向投资者保证发行的证券资质优良，价格适当

4. 证券发行方式按发行对象不同，可分为（　　）。

A. 私募发行　　　　　　　　　B. 直接发行

C. 间接发行　　　　　　　　　D. 公募发行

5. 目前我国记账式国债的招标方式有（　　）。

A. "美国式"招标　　　　　　　B. "英国式"招标

C. "荷兰式"招标　　　　　　　D. "混合式"招标

6. 确定股票发行价格的主要方法有（　　）。

A. 市盈率法　　　　　　　　　B. 净资产倍率法

C. 竞价确定法　　　　　　　　D. 现金流量折现法

7. 债券评级的主要内容包括（　　）。

A. 考察发行单位能否按期付息　　B. 分析债券发行单位的偿债能力

C. 评价发行单位的费用　　　　　D. 考察投资人承担的风险程度

8. 下列关于"荷兰式"与"美国式"招标方式的说法中，正确的有（　　）。

A. 荷兰式招标的标的为利率时，最高中标利率为当期国债的票面利率

B. 荷兰式招标的标的为利差时，最高中标利差为当期国债的基本利差

C. 美国式招标的标的为利差时，最高中标利差为当期国债的基本利差

D. 美国式招标的标的为价格时，各中标机构按各自加权平均中标价格承销当期国债

9. 下列关于股票发行类型的说法，正确的有（　　）。

A. 通过首次公开发行，发行人不仅募集到所需资金，而且完成了股份有限公司的设立或转制，成为上市公众公司

B. 增资发行是指股份公司上市后为达到增加资本的目的而发行股票的行为

C. 增发是股份公司向不特定对象公开募集股份的增资方式

D. 公司发行可转换债券时，其持有者可以在一定时期内按一定比例或价格将之

转换成一定数量的另一种证券，通常是转化为普通债券

10. 根据规定，首次公开发行的股票实行询价制度。其询价对象是指符合中国证监会规定条件的（　　）。
  A. 证券投资基金管理公司、证券公司
  B. 个人投资者
  C. 信托投资公司、财务公司
  D. 保险机构投资者和合格境外机构投资者（QFII）

11. 根据新股发行询价制度的规定，通过初步询价确定（　　）区间。
  A. 发行价格　　　　　　　　B. 市盈率
  C. 市净率　　　　　　　　　D. 招标价格

12. 债券的发行方式有（　　）。
  A. 定向发行　　　　　　　　B. 承购包销
  C. 上网定价发行　　　　　　D. 招标发行

13. 债券的发行价格可以分为（　　）。
  A. 平价发行　　　　　　　　B. 折价发行
  C. 同价发行　　　　　　　　D. 溢价发行

14. 我国《证券法》规定，上市公司发行证券，可以（　　）。
  A. 向特定对象非公开发行　　B. 向特定对象公开发行
  C. 向不特定对象公开发行　　D. 向不特定对象非公开发行

15. 股票发行的定价方式有（　　）。
  A. 协商定价方式　　　　　　B. 上网竞价方式
  C. 一般询价方式　　　　　　D. 累计投标询价方式

三、判断题

1. 证券发行市场通常具有固定场所，是一个有形市场。（　　）
2. 我国《公司法》规定股票发行价格不得低于票面金额。（　　）
3. 在市盈率已定的情况下，每股税后利润越高，发行价格也越高。（　　）
4. 股票发行费用不可在股票发行溢价中扣除。（　　）
5. 封闭式基金的发行只能采取私募发行的方式。（　　）
6. 上市公司向原股东配售股份时，拟配售股份数量不超过本次配售股份前股本总额的20%。（　　）
7. 根据我国《证券发行与承销管理办法》的规定，首次公开发行股票以询价方式确定股票发行价格。（　　）
8. 股票发行价格不得低于票面金额。（　　）
9. 债券发行方式根据中标规则不同，可分为美式招标（单一价格中标）和荷兰式招标（多种价格中标）。（　　）

10. 公募发行，又称公开发行，是发行人向特定的社会公众投资者发售证券的发行。（　　）

11. 证券发行制度主要有两种：一是以欧洲各国为代表的注册制，二是以美国为代表的核准制。（　　）

12. 在核准发行制度下，发行人只要充分披露了有关信息，在规定时间内未被证券监管机构拒绝注册，即可进行证券发行，无须再经过批准。（　　）

13. 实行证券发行注册制可以向投资者提供证券发行的有关资料，可以保证发行的证券资质优良，价格适当。（　　）

14. 发行人推销证券的方法有两种：自销和包销。一般情况下，公开发行以包销为主。（　　）

15. 上市公司采取定向增发方式时，其可以对认购者的持股期限有所限制。这种增资方式会直接影响公司原股东利益，需经股东大会特别批准。（　　）

16. 根据《首次公开发行股票并在创业板上市管理办法》，首次公开发行股票并在创业板上市的发行人，其最近1期末净资产应不少于2000万元。（　　）

17. 上市公司向不特定对象公开募集股份（增发）或发行可转换债券，可以对参与网下配售的机构投资者进行分类配售，不可以全部或部分向原股东优先配售。（　　）

18. 我国现行的有关法规规定，我国股份公司首次公开发行股票和上市后向社会公开募集股份（公募增发），采取对公众投资者上网发行和对机构投资者配售相结合的发行方式。（　　）

19. 上网公开发行方式是指利用证券交易所的交易系统，主承销商在证券交易所开设股票发行专户并作为惟一的卖方，投资者在指定时间内，按现行委托买入股票的方式进行申购的发行方式。（　　）

20. 根据《证券发行与承销管理办法》的规定，股票配售对象可选择网下和网上两种方式进行新股申购。（　　）

四、名词解释

1. 证券发行
2. 证券发行市场
3. 首次公开发行（IPO）
4. 增资发行
5. 配股

五、问答题

1. 简述证券发行的三公原则。
2. 证券发行中注册制与核准制各自的含义是什么？
3. 简述荷兰式招标和美国式招标的区别。
4. 简述股票发行定价的方式。
5. 为什么要进行债券的信用评级？

第五章

证券交易市场

本章基本内容框架

$$\text{证券上市制度} \begin{cases} \text{股票上市的条件} \\ \text{股票上市的程序} \\ \text{上市股票的特殊处理} \\ \text{债券发行程序} \end{cases}$$

$$\text{证券交易市场} \begin{cases} \text{证券交易市场的构成} \\ \text{证券交易所} \\ \text{场外交易市场} \\ \text{股票价格指标} \end{cases}$$

$$\text{证券交易操作} \begin{cases} \text{证券交易制度} \\ \text{证券交易程序} \\ \text{证券交易方式} \\ \text{证券交易费用} \\ \text{证券交易其他业务} \end{cases}$$

重点、难点讲解及典型例题

一、股票上市的要求

股票上市是指已经发行的股票经证券交易所批准后,在交易所公开挂牌交易的法律行为,股票上市,是连接股票发行和股票交易的"桥梁"。而且不同国家或地区、同一国家的不同层次的市场,上市的要求都是不一样的。如美国的纽约证券交易所和纳斯达克市场,对股份公司的要求都不同。我国的主板市场、中小企业板、创业板、三板市场、四板市场要求都不一样。监管机构重点对拟上市公司的资本总额、资产总额、财务状况等进行审核。

以我国为例,不同市场的上市要求,可参考表5-1。

表 5-1 我国不同板块市场的股票上市要求（部分）

指标	代办股份转让系统（三板市场）	主板、中小企业板	创业板（二板市场）	
			标准一	标准二
净利润	无硬性财务指标要求	净利润最近三年为正，且累计超过 3000 万元；最近一期不存在未弥补亏损	最近两年连续盈利，最近两年净利润累计不少于 1000 万元，且持续增长	最近一年盈利，且净利润不少于 500 万元
营业收入或现金流	无硬性财务指标要求，主营业务突出	最近三年营业收入累计超过 3 亿元	—	最近一年营业收入不少于 5000 万元，最近两年营业收入增长率均不低于 30%
股本要求	挂牌前总股本不低于 5000 万股	发行后总股本不低于 5000 万股	发行后总股本不低于 3000 万股	
资产要求	无硬性财务指标要求，具有 2 年持续经营记录	最近一年末无形资产（扣除土地使用权、水面养殖权和采矿权等后）占净资产比例不高于 20%	最近一期末净资产不少于 2000 万元	

【例题 1 · 单项选择题】我国《证券法》规定，股份有限公司申请股票上市，其公司股本总额必须不少于人民币（　　）万元。

A. 5000　　　　　　　　　　B. 4000
C. 3000　　　　　　　　　　D. 1000

【答案】A

【解析】股份有限公司申请股票在上海证券交易所和深圳证券交易所主板市场上市应当符合下列条件：①股票经国务院证券监督管理机构核准已向社会公开发行；②公司股本总额不少于人民币 5000 万元；③公开发行的股份达公司股份总数的 25% 以上，公司股本总额超过人民币 4 亿元的，公开发行股份的比例为 10% 以上；④公司在最近 3 年无重大违法行为，财务会计报告无虚假记载。所以 A 项正确。

【例题 2 · 单项选择题】我国《证券法》规定，上市公司最近 3 年连续亏损，由证券交易所决定（　　）。

A. 对其股票交易做退市风险警示　　B. 暂停其股票上市交易
C. 对其股票交易做特别处理　　　　D. 终止其股票上市交易

【答案】B

【解析】我国《证券法》规定，上市公司有下列情形之一的，由证券交易所决定暂停其股票上市交易：①公司股本总额、股权分布等发生变化不再具备上市条件；②公司不按照规定公开其财务状况，或者对财务会计报告作虚假记载，可能误导投资者；③公司有重大违法行为；④公司最近3年连续亏损；⑤证券交易所上市规则规定的其他情形。因此本题选B。

二、上市股票的特别处理

上市公司出现以下情形之一，其股票交易将被实行退市风险警示特别处理

（1）最近两年连续亏损（以最近两年年度报告披露的当年经审计净利润为依据）。

（2）因财务会计报告存在重大会计差错或者虚假记载，公司主动改正或者被中国证监会责令改正后，对以前年度财务会计报告进行追溯调整，导致最近两年连续亏损。

（3）因财务会计报告存在重大会计差错或者虚假记载，被中国证监会责令改正但未在规定期限内改正，且公司股票已停牌两个月。

（4）未在法定期限内披露年度报告或者半年度报告，公司股票已停牌两个月。

（5）处于股票恢复上市交易日至恢复上市后第一个年度报告披露日期间。

（6）在收购人披露上市公司要约收购情况报告至维持被收购公司上市地位的具体方案实施完毕之前，因要约收购导致被收购公司的股权分布不符合《公司法》规定的上市条件，且收购人持股比例未超过被收购公司总股本的90%。

（7）法院受理关于公司破产的案件，公司可能被依法宣告破产。

（8）证券交易所认定的存在退市风险的其他情形。

被退市风险警示特别处理的股票，其证券简称前冠以ST字样，股票报价的日涨跌幅限制为5%。

【例题3·单项选择题】当上市公司出现财务状况异常或者其他异常情况，交易所可对该公司股票交易实行退市风险警示的处理措施，在公司股票简称前冠以（　　）字样。

A. *ST　　　　　　　　　　B. ST
C. *Fx　　　　　　　　　　D. FX

【答案】A

【解析】交易所对公司股票交易实行退市风险警示的处理措施包括：在公司股票简称前冠以"*ST"字样，以区别于其他股票；股票价格的日涨跌幅限制为5%。其他特别处理的措施包括：在公司股票简称前冠以"ST"字样，以区别于其他股票；股票价格的日涨跌幅限制为5%。

三、证券交易所

1. 证券交易所的定义

证券交易所是买卖双方公开交易的场所，是一个高度组织化、集中进行证券交易的市场，是整个证券市场的核心。在我国有四个：上海证券交易所和深圳证券交易所，香港交易所，台湾证券交易所。

2. 证券交易所的特征

（1）证券交易所是由若干会员组成的一种非营利性法人。构成股票交易的会员都是证券公司，其中有正式会员，也有非正式会员。

（2）证券交易所的设立须经国家的批准。

（3）证券交易所的决策机构是会员大会（股东大会）及理事会（董事会）。其中，会员大会是最高权力机构，决定证券交易所基本方针；理事会是由理事长及理事若干名组成的协议机构，制订为执行会员大会决定的基本方针所必需的具体方法，制订各种规章制度。

（4）证券交易所的执行机构有理事长及常任理事，理事长总理业务。

从组织形式上看，证券交易所可分为公司制和会员制两种类型。根据社会经济发展对资本市场的需求和建设多层次资本市场的部署，我国在以上海、深圳证券交易所作为证券市场主板市场的基础上，又在深圳证券交易所设置中小企业板块市场和创业板市场，从而形成交易所市场内的不同市场层次。

【例题4·单项选择题】关于证券交易所，下列说法不正确的是（　　）。

A. 各国的证券交易均不以盈利为目的

B. 证券交易所不决定证券的价格

C. 证券交易所提供了证券交易的场所

D. 证券流通的途径除了通过证券交易所交易外还可以在场外交易场所进行

【答案】A

【解析】会员制证券交易所不以盈利为目的，但公司制证券交易所以盈利为目的。所以选A。

【例题5·单项选择题】下列各项不属于证券交易所职能的是（　　）。

A. 设立证券登记结算机构　　　　B. 确定证券发行价格

C. 接受上市申请、安排证券上市　D. 制定证券交易所的业务规则

【答案】B

【解析】我国《证券交易所管理办法》第十一条规定，证券交易所的职能包括：①提供证券交易的场所和设施；②制定证券交易所的业务规则；③接受上市申请、安排证券上市；④组织、监督证券交易；⑤对会员进行监管；⑥对上市公司进行监管；⑦设立证券登记结算机构；⑧管理和公布市场信息；⑨中国证监会许可的其他职能。因此只有B项不是证交所的职能，所以选B。

四、证券交易方式

证券交易方式可以按照不同的角度来认识。根据交易合约的签订与实际交割之间的关系，证券交易的方式有现货交易、远期交易、期货交易和期权交易。在短期资金市场，结合现货交易和远期交易的特点，存在着证券回购交易。如果投资者买卖证券时允许向经纪商融资或融券，则发生信用交易。常见的证券交易方式主要有以下

几种：

1. 现货交易

指证券买卖双方在成交后1—3个营业日内办理交割手续，买入者付出资金并得到证券，卖出者交付证券并得到资金。所以，现货交易的特征是"一手交钱，一手交货"，即以现款买现货方式进行交易。这是最基本、最常见也是最古老的交易方式。

2. 期货交易

期货交易是相对于现货交易而言的。在期货交易中，买卖双方就买卖证券的数量、成交的价格及交割时间达成协议。比如，买卖双方今日签订股票买卖合约而约定30日后履行交易就是期货交易。

3. 期权交易

期权在本质上来讲是一种选择权交易，指期权的买方向卖方支付一定数额的期权费后，有权在一定时间内以一定的价格（执行价格）出售或购买一定数量的标的物（实物商品、证券或期货合约）。对期权的买方来说，期权赋予给买方的只有权利，而没有任何的义务；买方拥有行使买入或卖出标的物的权利，也可以放弃行使权利。此时买方只是损失期权费，同时，卖方则赚取期权费。对期权的卖方来说，只有履行期权合约的义务，而没有任何的权利。期权的买方行使权利时，卖方必须按期权合约规定的内容履行义务。

4. 信用交易

又称保证金交易或垫头交易，指证券交易的当事人在买卖证券时，只向证券公司交付一定的保证金，或者只向证券公司交付一定的证券，而由证券公司提供融资或者融券进行交易。因此也称为"融资融券交易"。

【例题6·单项选择题】我国《证券法》规定，证券在证券交易所上市交易，应当采用（　　）或者国务院证券监督管理机构批准的其他方式。

A. 公开的分散交易方式　　　　　　B. 非公开的集中交易方式
C. 非公开的分散交易方式　　　　　D. 公开的集中交易方式

【答案】D

【解析】证券交易所采用经纪制交易方式，投资者必须委托具有会员资格的证券经纪商在交易所内代理买卖证券，经纪商通过公开竞价形成证券价格，达成交易。我国《证券法》规定，证券在证券交易所上市交易，应当采用公开的集中交易方式或者国务院证券监督管理机构批准的其他方式。因此本题选D。

五、证券交易制度

证券交易是依法发行并交付的证券在证券市场上流通的活动。证券交易是证券市场运行的核心环节。从权利的角度看，证券交易是证券的所有人将证券权利转让给买受人，买受人以支付价款或其他方式受让证券权利的权利变更过程。

1. 交易单位

（1）股票的交易单位为"股"，100 股 = 1 手，委托买入数量必须为 100 股或其整数倍。

（2）基金的交易单位为"份"，100 份 = 1 手，委托买入数量必须为 100 份或其整数倍。

（3）国债现券和可转换债券的交易单位为"手"，1000 元面额 = 1 手，委托买入数量必须为 1 手或其整数倍。

（4）当委托数量不能全部成交或分红送股时可能出现零股（不足 1 手的为零股），零股只能委托卖出，不能委托买入零股。

2. 竞价成交

（1）竞价原则：价格优先、时间优先。价格较高的买进委托优先于价格较低买进委托，价格较低卖出委托优先于较高的卖出委托；同价位委托，则按时间顺序优先。

（2）竞价方式：上午 9：15 – 9：25 进行集合竞价（集中一次处理全部有效委托）；上午 9：30 – 11：30、下午 1：00 – 3：00 进行连续竞价（对有效委托逐笔处理）。周六、周日上海证券交易所、深圳证券交易所公告的休市日不交易。

3. 报价方式

传统的证券交易所用口头叫价方式并辅以手势作为补充，现代证券交易所多采用电脑报价方式。无论何种方式，交易所均规定报价规则。沪、深证券交易所采用电脑报价方式，接受会员的限价申报和市价申报。

4."T + 1"交收

"T"表示交易当天，"T + 1"表示交易日当天的第二天。"T + 1"交易制度指投资者当天买入的证券不能在当天卖出，需待第二天进行自动交割过户后方可卖出（债券当天允"T + 0"回转交易）。资金使用上，当天卖出股票的资金回到投资者账户上可以用来买入股票，但不能当天提取，必须到交收后才能提款（A 股为 T + 1 交收，B 股为 T + 3 交收，H 股为 T + 0 交收）。

5. 涨跌幅限制

为保护投资者利益，防止股价暴涨暴跌和投机盛行，证券交易所可根据需要对每日股票价格的涨跌幅予以适当的限制。高于涨幅限制的委托和低于跌幅限制的委托无效。沪、深证券交易所对股票、基金交易实行价格涨跌幅限制，涨跌幅比例为 10%，其中 ST 股票和*ST 股票价格涨跌幅比例为 5%。属于下列情形之一的，首个交易日无价格涨跌幅限制：首次公开发行上市的股票；首次公开发行上市的封闭式基金（上海证券交易所）；增发上市的股票（上海证券交易所）；暂停上市后恢复上市的股票；中国证监会或交易所认定的其他情形。

【例题 7·单项选择题】 我国证券交易所规定的 A 股每次申购和成交的最小数量单位（除零股交易外）是（   ）。

A. 10 手 B. 10 股
C. 1 手 D. 1 股

【答案】C

【解析】交易所规定的每次申报和成交的交易数量单位,一个交易单位俗称"一手",委托买卖的数量通常为一手或一手的整数倍。所以选 C。

【例题 8·单项选择题】根据沪、深证券交易所的规定,通过竞价交易时,下列叙述有误的是( )。

A. 买入股票、基金、权证的,申报数量应当为 100 股(份)或其整数倍

B. 卖出股票、基金、权证时,余额不足 100 股(份)的部分,应当一次性申报卖出

C. 委托买卖的数量通常为一手或其整数倍

D. 股票、基金、权证交易单笔申报最大数量应当不超过 200 万股(份)

【答案】D

【解析】D 项,股票、基金、权证交易单笔申报最大数量应当不超过 100 万股(份)。所以选 D。

【例题 9·单项选择题】关于挂牌、摘牌、停牌与复牌,下列叙述有误的是( )。

A. 交易所对上市证券实行挂牌交易

B. 证券上市期届满或依法不再具备上市条件的,交易所终止其上市交易,并予以摘牌

C. 股票、封闭式基金交易出现异常波动的,交易所可以决定停牌,直至相关当事人作出公告当日的上午 09:30 予以复牌

D. 交易所可以对涉嫌违法违规交易的证券实施特别停牌并予以公告,相关当事人应按照交易所的要求提交书面报告

【答案】C

【解析】股票、封闭式基金交易出现异常波动的,交易所可以决定停牌,直至相关当事人作出公告当日的上午 10:30 予以复牌。所以选 C。

思考与练习

一、单项选择题

1. 上海证券交易所和深圳证券交易所先后于( )正式运营。
   A. 1990 年 12 月和 1991 年 7 月   B. 1991 年 7 月和 1991 年 12 月
   C. 1991 年 7 月和 1992 年 10 月   D. 1992 年 10 月和 1991 年 7 月

2. ( )根据契约,对在代办股份转让系统中挂牌公司的信息披露行为进

监管、指导和督促。

A. 交易所　　　　　　　　　　B. 证监会
C. 证券业协会　　　　　　　　D. 证券公司

3. 下列各项不属于证券交易所会员大会职权的是（　　）。

A. 制定和修改证券交易所章程
B. 选举和罢免会员理事
C. 审议和通过理事会、总经理的工作报告
D. 审定对会员的接纳

4. 我国《证券法》规定，上市公司最近3年连续亏损，在其后一个年度内未能恢复盈利，由证券交易所决定（　　）。

A. 暂停其股票上市交易　　　　B. 对其股票交易做退市风险警示
C. 对其股票交易做特别处理　　D. 终止其股票上市交易

5. 中小企业板块是经国务院批准、（　　）批复同意而设立的。

A. 证监会　　　　　　　　　　B. 深交所
C. 上交所　　　　　　　　　　D. 国家发改委

6. 2004年5月，经国务院批准，中国证监会批复同意在（　　）设立中小企业板块。

A. 深圳证券交易所主板市场内部　　B. 深圳证券交易所主板市场之外
C. 上海证券交易所主板市场内部　　D. 上海证券交易所主板市场之外

7. 在中小企业板块上市的股票，连续（　　）个交易日内，公司股票通过深圳证券交易所交易系统实现的累计成交量低于（　　）万股时，深圳证券交易所对其交易实行退市风险警示。

A. 90；150　　　　　　　　　　B. 120；150
C. 90；300　　　　　　　　　　D. 120；300

8. 整个证券市场的核心是（　　）。

A. 证券发行人　　　　　　　　B. 证券交易所
C. 中国证监会　　　　　　　　D. 国务院

9. 证券交易市场是（　　）。

A. 发行市场的基础和前提
B. 发行市场得以持续扩大的必要条件
C. 发行人以发行证券的方式筹集资金的场所
D. 一个无形的市场

10. 经国务院同意，中国证监会批准，我国创业板市场于（　　）在深圳证券交易所正式启动。

A. 2009年6月30日　　　　　　B. 2009年10月23日
C. 2010年1月1日　　　　　　　D. 2010年2月20日

11. 申请股票、可转换为股票的公司债券或法律、行政法规规定实行保荐制度的其他证券上市交易，应当聘请具有保荐资格的机构担任（　　）。
   A. 发行人　　　　　　　　　　　B. 推荐人
   C. 承销机构　　　　　　　　　　D. 保荐机构

12. 证券交易通常都必须遵循（　　）。
   A. 价格优先原则和时间优先原则　　B. 时间优先原则和价格优先原则
   C. 价格优先原则和数量优先原则　　D. 客户优先原则和时间优先原则

13. （　　）是指一笔数额较大的证券交易，通常在机构投资者之间进行。
   A. 集中竞价交易　　　　　　　　B. 大宗交易
   C. 综合协议交易　　　　　　　　D. 固定收益平台交易

14. 无涨跌幅限制证券的大宗交易须在前收盘价的正负（　　），由买卖双方采用议价协商方式确定成交价，并经证券交易所确认后成交。
   A. 10%　　　　　　　　　　　　B. 20%
   C. 30%　　　　　　　　　　　　D. 40%

15. 下列各项属于场外交易市场功能的是（　　）。
   A. 对整个证券市场进行一线监控
   B. 是证券发行的主要场所
   C. 及时准确地传递上市公司的财务状况
   D. 形成较为合理的价格

16. 证券大宗交易的交易时间是证券交易所（　　）。
   A. 正常交易日收盘后的限定时间　　B. 正常交易日收盘前的限定时间
   C. 正常交易日收盘后的任意时间　　D. 正常交易日收盘前的任意时间

17. 为保护投资者利益，防止股价暴涨暴跌和投机盛行，证券交易所制定的交易规则是（　　）。
   A. 涨跌幅限制　　　　　　　　　B. 价格决定
   C. 大宗交易　　　　　　　　　　D. 报价方式

18. 证券交易所通过观察股票价格、股价指数、成交量等的变化情况，监控异常波动的行为属于（　　）。
   A. 证券监控　　　　　　　　　　B. 行情监控
   C. 资金监控　　　　　　　　　　D. 交易监控

19. 场外市场价格决定的主要方式是（　　）。
   A. 公开竞价　　　　　　　　　　B. 集合竞价
   C. 议价　　　　　　　　　　　　D. 连续竞价

20. 在计算股份指数时，先计算各样本股的个别指数，再加总求算术平均数，这是股票价格指数计算方法中的（　　）。
   A. 计算期加权法　　　　　　　　B. 基期加权法

C. 综合法 D. 相对法

二、多项选择题

1. 场外交易市场具有（　　）等特征。
A. 买卖双方协商议价
B. 没有固定的、集中地交易场所
C. 采取做市商制
D. 管理比证券交易所更严格

2. 深圳中小企业板块是主板市场的组成部分，但在与主板市场的关系上实行（　　）。
A. 指数独立 B. 监察独立
C. 代码独立 D. 运行独立

3. 证券交易所作为高度组织化的有形市场，具有的特征包括（　　）。
A. 有固定的交易场所和交易时间
B. 一般投资者可直接进入交易所买卖证券
C. 实行"公开、公平、公正"的原则
D. 交易者为具备会员资格的证券经营机构

4. 《证券法》规定，公司申请公司债券上市交易，需要满足的条件包括（　　）。
A. 公司债券期限在 1 年以上
B. 公司债券实际发行额不少于人民币 5000 万元
C. 公司最近 3 年无重大违法行为，财务会计报表无虚假记载
D. 公司申请债券上市时仍符合法定的公司债发行条件

5. 下列关于首次公开发行股票并在创业板上市的条件，说法正确的有（　　）。
A. 发行人应当持续经营有 3 年以上
B. 发行人最近 3 年内不存在损害投资者合法权益的重大违法行为
C. 有限责任公司整体变更为股份有限公司的，持续经营时间应当从变更之日起计算
D. 定量业绩指标之一为：最近 1 年盈利，且净利润不少于 500 万元，最近 1 年营业收入不少于 5000 万元，最近 2 年营业收入增长率均不低于 30%

6. 公司上市的资格并不是永久的，当不能满足证券上市条件时，证券监管部门或证券交易所将对该股票实行（　　）。
A. 特别处理 B. 退市风险警示
C. 暂停上市 D. 终止上市

7. 退市风险警示的处理措施包括（　　）。
A. 对以前年度财务会计报告进行追溯调整

B. 在公司股票简称前冠以"*ST"字样，以区别于其他股票
C. 股票价格的日涨跌幅限制为5%
D. 受到证券交易所公开谴责

8. 证券交易所的监察系统负责对市场进行实时监控的职责，日常监控包括（　　）。
   A. 交易监控　　　　　　　　　　B. 行情监控
   C. 证券监控　　　　　　　　　　D. 资金监控

9. 我国证券交易所的运作系统在原有基础上有所发展，目前主要包括（　　）。
   A. 集中竞价交易系统　　　　　　B. 大宗交易系统
   C. 固定收益证券综合电子平台　　D. 综合协议交易平台

10. 上海证券交易所的连续竞价时间为（　　）。
    A. 9：25～11：30　　　　　　　B. 9：30～11：30
    C. 13：00～15：15　　　　　　　D. 13：00～15：00

11. 价位是交易所规定每次报价和成交的最小变动单位。下列关于证券交易申报价格最小变动单位的叙述正确的有（　　）。
    A. A股、债券交易和债券买断式回购交易为0.01元人民币
    B. 基金、权证交易为0.001元人民币
    C. 深圳证券交易所B股交易为0.05港元
    D. 债券质押式回购交易为0.001元

12. 集合竞价时，成交价格的确定原则包括（　　）。
    A. 可实现最大成交量的价格
    B. 可实现最高成交额的价格
    C. 低于该价格的买入申报与高于该价格的卖出申报全部成交的价格
    D. 与该价格相同的买方或卖方至少有一方全部成交的价格

三、判断题

1. 会员制的证券交易所是以股份有限公司形式组织并不以营利为目的的法人。
（　　）
2. 中小企业板块的交易由独立于主板市场交易系统承担。（　　）
3. 我国上市公司最近2年连续亏损的将被证券交易所直接摘牌处理。（　　）
4. 在场外交易市场中，由证券商决定每种证券的交易价格。（　　）
5. 根据我国《证券法》规定，证券交易所是依法设立、以营利为目的、实施自律性管理的法人。（　　）
6. 无涨跌幅限制证券的大宗交易须在前收盘价的正负30%或当日竞价时间内已成交的最高和最低成交价格之间，由买卖双方采用议价协商方式确定成交价后就可以直接成交。（　　）

7. 我国的证券交易所采用无纸化集中交易方式。（　　）
8. 深圳证券交易所以大宗交易系统为平台，提供日常服务和专场服务。（　　）
9. 平台交易采用报价交易和询价交易两种方式，报价交易中交易商必须以实名方式。（　　）
10. 沪、深证券交易所采用电脑报价方式，接受会员的高价申报和市价申报。
（　　）

四、名词解释

1. 证券上市　　　　　　　2. ST股
3. 债券发行　　　　　　　4. 证券发行市场
5. 证券交易市场　　　　　6. 证券交易所
7. 股票价格指数

五、问答题

1. 简述股票上市的条件有哪些？
2. 证券交易市场的种类有哪些？并分别作简要说明。
3. 简述证券交易所的组织形式有哪些？分别作简要说明。
4. 简述股票价格指数的含义和分类？
5. 常见的证券交易方式有哪些？分别作简要说明。

第六章

证券投资基本分析

本章基本内容框架

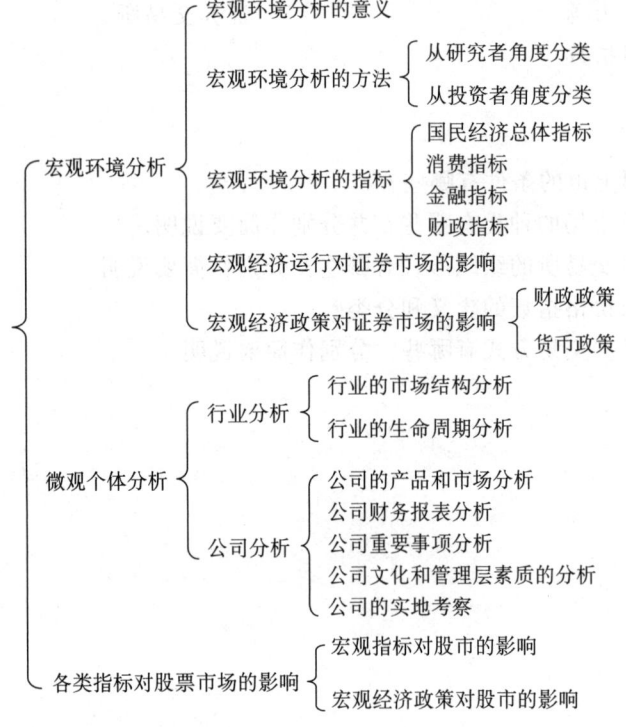

重点、难点讲解及典型例题

一、宏观分析方法

总量分析法就是指对宏观经济运行总量指标的影响因素及其变动规律进行分析，如对国民生产总值、消费额、投资额、银行贷款总额及物价水平的变动规律的分析等，进而说明整个经济的状态和全貌。总量分析主要是一种动态分析，因为它主要研究总量指标的变动规律。同时，也包括静态分析，因为总量分析包括考察同一时期内各总量指标的相互关系，如投资额、消费额和国民生产总值的关系等。

结构分析法是指对经济系统中各组成部分及其对比关系变动规律的分析。如国民生产总值中三种产业的结构及消费和投资的结构分析、经济增长中各因素作用的结构分析等。结构分析主要是一种静态分析，即对一定时间内经济系统中各组成部分变动规律的分析。如果对不同时期内经济结构变动进行分析，则属动态分析。

【例题 1·单项选择题】深入地认识错综复杂的经济结构，掌握各因素的相互关系，相互影响程度和变化特点，全面系统地，综合性地把握经济运行规律的方法被称为（　　）。

A. 历史分析方法　　　　　　　B. 结构分析方法
C. 计量分析方法　　　　　　　D. 国际比较方法

【答案】B

【解析】结构分析为深入地认识错综复杂的经济结构，掌握各因素的相互关系，相互影响程度和变化特点，全面系统地，综合性地把握经济运行规律。所以选 B。

【例题 2·单项选择题】在下列分析方法中，对国民生产总值、消费额、投资额、银行贷款总额及物价水平的变动规律的分析等，进而说明整个经济的状态和全貌的方法被称为（　　）。

A. 总量分析法　　　　　　　　B. 结构分析法
C. 计量分析法　　　　　　　　D. 历史分析法

【答案】A

【解析】总量分析法就是指对宏观经济运行总量指标的影响因素及其变动规律进行分析，如对国民生产总值、消费额、投资额、银行贷款总额及物价水平的变动规律的分析等，进而说明整个经济的状态和全貌。所以选 A。

二、宏观分析指标

GDP。国内生产总值（GDP = Gross Domestic Product）是指一个国家（国界范围内）所有常驻单位在一定时期内生产的所有最终产品和劳务的市场价值。GDP 是国民经济核算的核心指标，也是衡量一个国家或地区总体经济状况重要指标。

通货膨胀。经济学界对于通货膨胀的解释并不完全一致，一般经济学家认可的概念是：在信用货币制度下，流通中的货币数量超过经济实际需要而引起的货币贬值和物价水平全面而持续的上涨。

失业率为没有工作的人占总工作的人（除了小孩，老人，不能工作者）的百分比。失业率是资本市场的重要指标，属滞后指标范畴。

国际收支。反映一个国家与其他国家或地区在经济、文化等方面的交易记录。所有的交易会由记录在国际收支平衡表中，通常国际收支平衡表被分成经常账户、资本与金融账户、储备资产、净误差与遗漏这四项。

货币供应量。中央银行一般根据宏观监测和宏观调控的需要，根据流动性的大小

将货币供应量划分为不同的层次。我国现行货币统计制度将货币供应量划分为三个层次:

流通中现金(M_0),指单位库存现金和居民手持现金之和,其中"单位"指银行体系以外的企业、机关、团体、部队、学校等单位。

狭义货币供应量(M_1),指M_0加上单位在银行的可开支票进行支付的活期存款。

广义货币供应量(M_2),指M_1加上单位在银行的定期存款和城乡居民个人在银行的各项储蓄存款以及证券公司的客户保证金。

利率。利率是经济生活中是非常重要的经济指标。利率一般是指一定时期内利息额同借贷资本总额的比率。利率的高低影响利息的多少。利率的变化受资金供求状况、经济形势、物价水平、宏观经济政策等多种因素影响。但通常由国家的中央银行调节或控制,所有国家都把利率作为宏观经济调控的重要工具之一。

汇率。汇率又称外汇汇率或外汇行市,是指两种货币之间兑换的比率,亦可视为一个国家的货币对另一种货币的价值。汇率也可以视为各个国家为了达到其政治目的的金融手段。汇率会因为一国的经济和政治、国际收支、利率、通货膨胀、市场预期、投机活动等原因而变动。而同时汇率的变动会对一国进出口贸易和经济结构、生产布局、资本流动、物价水平、金融市场等会产生重要的影响。

【例题3·单项选择题】GDP假设前提是指(   )。

A. GDP是市场价值的概念,家庭产出不计入GDP

B. GDP不计中间产品

C. GDP不计自给自足的产品

D. 以上都是

【答案】D

【解析】GDP是一个市场价值的概念,家庭产出不计入GDP,同时GDP也不记录中间产品的价值,这是为了避免重复核算,GDP不计入自给自足的产品主要是因为自给自足的产品并不能产生经济效益。所以选D。

【例题4·单项选择题】失业率的计算公式为(   )。

A. 失业人数/18岁以上的全部人口

B. 失业人数/16岁以上的全部人口

C. 失业人数/18岁以上的劳动力人口数

D. 失业人数/16岁以上的劳动力人口数

【答案】D

【解析】失业率的计算并不是用失业人口除以所有的人口总数,因为人口中也包含了非劳动力,所以失业率的概念应该为失业人口除以劳动力人口总数的比值,其中劳动力指的是16周岁以上具有劳动能力的人。所以选D。

【例题5·多项选择题】以下说法正确的是(   )。

A. 在中国工作的美国人Lucy的收入应该计入美国的GNP

B. 流通中的现金属于 M_1 的范畴

C. 当净出口大于 0 时，说明短期国际收支逆差

D. 通货膨胀时应采取的措施是存钱

【答案】AB

【解析】GNP 为国民生产总值，是一个国民的概念，因此 Lucy 是美国人，她的收入应该计入美国的 GNP，流通中的现金属于 M_0 的范畴，但是 $M_1 = M_0 +$ 活期存款，所以流通中的现金也属于 M_1，净出口大于 0 时说明国际收支顺差，通货膨胀时货币贬值，此时应采取的措施为购买黄金等保值产品而非存钱。所以选 AB。

三、宏观经济运行、宏观经济政策对证券市场的影响

GDP。国内生产总值（GDP = Gross Domestic Product）是指一个国家（国界范围内）所有常驻单位在一定时期内生产的全部最终产品的市场价值。

【例题 6·单项选择题】在（　　）情况下，证券市场将呈现上升走势。

A. 持续、稳定、高速的 GDP 增长　　B. 高通货膨胀下的 GDP 增长

C. 宏观调整下的 GDP 减速增　　D. 转折性的 GDP 变动

【答案】A

【解析】宏观经济的运行对证券市场的走势有重要的影响。GDP 是宏观经济运行中的重要指标。当 GDP 持续、稳定、高速增长时，上市公司利润持续上升，国民收入和个人收入不断提高，人们对经济形势形成良好的预期，投资积极性高，使得公司的股票和债券全面得到升值，证券价格上升，从而证券市场将呈现上升走势。因此，A 说法符合，所以本题选 A。

【例题 7·单项选择题】下面关于国际金融市场动荡对证券市场的论述，错误的是（　　）。

A. 一国的经济越开放，证券市场的国际化程度越高，证券市场受汇率的影响越大

B. 一般来说，本币升值，出口型企业将增加收益，因而企业的股票价格将上涨

C. 本币贬值将导致资本流出本国，会导致本国证券市场需求减少，从而市场价格下跌

D. 当我国经济持续高速发展时，人民币渐进升值的过程将持续，升值预期将对股市的长期走势构成强有力支撑

【答案】B

【解析】一国的开放程度影响该国的证券市场。越开放，证券市场受汇率的影响越大。另外汇率变动对证券市场有重要的影响。本币升值时，往往不利于出口企业，因此出口型企业的股票将会下跌；本币贬值时会导致资本流出本国，不利于证券市场，会使行情下跌；当一国经济高速增长时，会支撑该国货币渐进升值，而升值预期将对股市长期走势产生利好影响。因此，ACD 三项的表述正确，只有 B 表述错误，

所以选 B。

【例题 8·单项选择题】 下面关于货币政策对证券市场的影响，错误的是（　　）。

A. 一般来说，利率下降时，股票价格会上升；利率上升时，股票价格会下跌
B. 如果央行大量买进有价证券，会推动利率下降，从而股票价格上升
C. 如果央行提高法定准备金率，货币供应量将减少，证券价格将趋于下跌
D. 如果央行提高再贴现率，会使证券市场行情走势上扬

【答案】D

【解析】中央银行的货币政策主要通过法定准备金率、再贴现率、公开市场业务、利率等手段调节宏观经济。这些工具的使用对货币供应量都会有影响，同时也会传递到证券市场。利率提高时，往往视为利空消息，股票价格会下跌；央行大量买进有价证券，这是松动银根的表现，会促使股价上升；提高法定准备金率及再贴现率，会减少货币供应量，证券价格将趋于下跌。因此，ABC 说法都对，只有 D 表述错误，所以选 D。

四、行业分析

四种一般的市场类型是完全竞争、垄断、垄断竞争和寡头垄断。一个市场的结构依赖于买者和卖者的数量以及产品差别的大小。依照市场上厂商的数量、厂商所提供产品的差异、对价格的影响程度以及进入障碍等特点，市场被划分为完全竞争、垄断、垄断竞争和寡头四种市场结构。

行业的生命周期指行业从出现到完全退出社会经济活动所经历的时间。行业的生命发展周期主要包括四个发展阶段：幼稚期、成长期、成熟期、衰退期。行业的生命周期曲线忽略了具体的产品型号、质量、规格等差异，仅仅从整个行业的角度考虑问题。行业生命周期可以从成熟期划为成熟前期和成熟后期。在成熟前期，几乎所有行业都具有类似 S 形的生长曲线，而在成熟后期则大致分为两种类型。

上市公司是指所公开发行的股票经过国务院或者国务院授权的证券管理部门批准在证券交易所上市交易的股份有限公司。所谓非上市公司是指其股票没有上市和没有在证券交易所交易的股份有限公司。上市公司是股份有限公司的一种，这种公司到证券交易所上市交易，除了必须经过批准外，还必须符合一定的条件。《公司法》《证券法》修订后，有利于更多的企业成为上市公司和公司债券上市交易的公司。

对公司的分析包括公司的产品和市场分析、财务报表分析、公司重要事项分析、实地考察等多方面，这些方面的分析都要从基础入手，抓住分析关键，得出分析结论。

【例题 9·单项选择题】 以下属于垄断竞争市场的行业为（　　）。

A. 西红柿市场　　　　　　　　B. 火车票市场
C. 火腿肠市场　　　　　　　　D. 枪支弹药市场

【答案】C

【解析】垄断竞争市场的特点为垄断竞争市场存在许多卖方，垄断竞争者在市场上竞争，生产有差异的产品，这个市场容易进入。存在许多厂商，以及容易进入使得这个市场看起来是竞争性的。这种市场中的厂商可以使它的产品具有独特属性的能力，这是这种市场区别于完全竞争市场的地方。所以选 C。

【例题 10·多项选择题】以下哪些属于行业的生命周期中的阶段（　　）。

A. 幼稚期　　　　　　　　　　B. 成长期

C. 成熟期　　　　　　　　　　D. 衰退期

【答案】ABCD

【解析】行业的生命周期指行业从出现到完全退出社会经济活动所经历的时间。行业的生命发展周期主要包括四个发展阶段：幼稚期，成长期，成熟期，衰退期。行业的生命周期曲线忽略了具体的产品型号、质量、规格等差异，仅仅从整个行业的角度考虑问题。行业生命周期可以从成熟期划为成熟前期和成熟后期。在成熟前期，几乎所有行业都具有类似 S 形的生长曲线，而在成熟后期则大致分为两种类型。所以选 ABCD。

 **思考与练习**

一、单项选择题

1. 垄断竞争市场的特点是（　　）。

A. 生产者众多，各种生产资料可以完全流动

B. 生产的产品同种但不同质，即产品之间存在着差异，产品的差异性是指各种产品之间存在着实际或想象的差异

C. 由于产品差异性的存在，生产者可以树立自己产品的信誉，从而对其产品的价格有一定的控制力

D. 没有一个企业能影响产品的价格

2. 证券投资技术分析的目的是预测证券价格涨跌的趋势，即解决（　　）的问题。

A. 买卖何种证券　　　　　　　B. 投资何种行业

C. 何时买卖证券　　　　　　　D. 投资何种上市公司

3. 组建证券投资组合时，涉及（　　）。

A. 决定投资目标和可投资资金的数量

B. 确定具体的投资资产和对各种资产的投资比例

C. 对投资过程所确定的金融资产类型中个别证券或证券组合具体特征进行考察分析

D. 投资组合的修正和业绩评估

4. 我们把根据证券市场本身的变化规律得出的分析方法称为（　　）。
   A. 技术分析　　　　　　　　　B. 基本分析
   C. 定性分析　　　　　　　　　D. 定量分析

5. 基本分析的优点是（　　）。
   A. 能够比较全面地把握证券价格的基本走势，应用起来相对简单
   B. 同市场接近，考虑问题比较直接
   C. 预测的精度较高
   D. 获得利益的周期短

6. 下列关于总量分析法和结构分析法的描述，正确的是（　　）。
   A. 总量分析和结构分析是互不相干的
   B. 总量分析侧重于对一定时期经济整体中各组成部分相互关系的动态研究
   C. 结构分析侧重于分析经济指标速度的考察
   D. 总量分析比结构分析重要

7. 流通中的现金和各单位在银行的活期存款之和被称作（　　）。
   A. 狭义货币供应量 M_1　　　　B. 货币供应量 M_0
   C. 广义货币供应量 M_2　　　　D. 准货币 $M_2 - M_1$

8. 恶性通货膨胀是指年通胀率达（　　）的通货膨胀。
   A. 10% 以下　　　　　　　　　B. 两位数
   C. 三位数以上　　　　　　　　D. 四位数以上

9. 在经济周期的某个时期，产出、销售、就业开始下降，直至某个低谷，说明经济变动处于（　　）。
   A. 繁荣　　　　　　　　　　　B. 衰退
   C. 萧条　　　　　　　　　　　D. 复苏

10. 当出现高通胀下 GDP 增长时，则（　　）。
    A. 上市公司利润持续上升，企业经营环境不断改善
    B. 如果不采取调控措施，必将导致未来的"滞胀"，企业将面临困境
    C. 人们对经济形势形成了良好的预期，投资积极性得以提高
    D. 国民收入和个人收入都将快速增加

11. 一般地，在投资决策过程中，投资者应选择（　　）行业投资。
    A. 增长型　　　　　　　　　　B. 周期型
    C. 防御型　　　　　　　　　　D. 初创型

12. 按经济结构划分，行业基本上可分为（　　）。
    A. 完全竞争、不完全竞争、垄断竞争、完全垄断
    B. 公平竞争、不公平竞争、完全竞争、不完全竞争
    C. 完全竞争、垄断竞争、完全垄断、部分垄断

D. 完全竞争、不完全竞争或垄断竞争、寡头垄断、完全垄断

13. 石油行业的市场结构属于（　　）。
A. 完全竞争　　　　　　　　B. 不完全竞争
C. 寡头垄断　　　　　　　　D. 完全垄断

14. 某行业有如下特征：企业的利润由于一定程度的垄断达到了很高的水平，竞争风险比较稳定，新企业难以进入。那么这一行业最有可能处于生命周期的（　　）。
A. 幼稚期　　　　　　　　　B. 成长期
C. 成熟期　　　　　　　　　D. 衰退期

15. 反映每股普通股所代表的股东权益额的指标是（　　）。
A. 每股净收益　　　　　　　B. 每股净资产
C. 股东权益收益率　　　　　D. 本利比

二、多项选择题

1. 基本分析的内容有（　　）。
A. 宏观经济分析　　　　　　B. 行业分析
C. 区域分析　　　　　　　　D. 公司分析

2. 公司分析的侧重点主要包括（　　）。
A. 公司竞争能力分析　　　　B. 公司盈利能力分析
C. 公司经营管理能力分析　　D. 发展潜力和潜在风险分析

3. 关于弱式有效市场的描述中，正确的有（　　）。
A. 证券价格完全反映了包括它本身在内的过去历史的证券价格资料
B. 技术分析失效
C. 投资者不可能战胜市场
D. 如果不运用进一步的价格序列以外的信息，明天价格最好的预测值是今天的价格

4. 宏观经济分析的意义包括（　　）。
A. 把握证券市场的总体变动趋势
B. 判断整个证券市场的投资价值
C. 为投资组合提供指导
D. 掌握宏观经济政策对证券市场的影响力度和方向

5. GDP 的变动情况包括（　　）。
A. 持续、稳定、高速的 GDP 增长　　B. 高通胀下的 GDP 增长
C. 宏观调控下 GDP 减速增长　　　　D. 转折性的 GDP 变动

6. 财政政策的手段主要包括（　　）。
A. 国家预算　　　　　　　　B. 税收

C. 国债 D. 财政补贴

7. 利率水平的变化会影响人们的行为包括（   ）。
   A. 储蓄 B. 就业
   C. 投资 D. 消费

8. 一国汇率会因该国的（   ）等的变化而波动。
   A. 国际收支状况 B. 通货膨胀率
   C. 就业率 D. 利率

9. 货币政策的调控作用表现在（   ）。
   A. 通过调控货币供应总量保持社会总供给与总需求的平衡
   B. 通过调控利率和货币总量控制通货膨胀，保持物价总水平的稳定
   C. 引导储蓄向投资的转化并实现资源的合理配置
   D. 调节国民收入中消费与储蓄的比例

10. 在通货膨胀之初，其引起的（   ）可能刺激股价上升。
    A. 波纹效应 B. 税收效应
    C. 负债效应 D. 存货效应

三、判断题

1. 证券投资分析是通过各种专业性的分析方法和分析手段对来自于各个渠道的、能够对证券价格产生影响的各种信息进行综合分析，并判断其对证券价格发生作用的方向和力度。（   ）

2. 证券投资分析中，技术分析解决的是"买卖何种证券"的问题。（   ）

3. 组建证券投资组合时要注意个别证券选择、投资时机选择和多元化三个问题。（   ）

4. 投资组合的修正实际上是对以前证券投资步骤的重复，可以忽略不做。（   ）

5. 证券投资分析是能否降低投资风险，获得投资成功的关键。（   ）

6. 宏观经济因素是影响证券市场长期走势的唯一因素。（   ）

7. 总量分析完全是一种动态分析。（   ）

8. 在统计 GDP 时用到的"长住居民"，包括居住在本国的公民、暂居外国的本国公民和长期居住在本国但未加入本国国籍的居民。（   ）

9. GDP 增长，必然有证券市场指数的增长。（   ）

10. 当社会总需求不足时，使用扩张性财政政策，将促使证券市场价格上涨。（   ）

四、名词解释

1. 行业 2. 寡头垄断市场

3. 资产重组　　　　　　　　4. 公司文化
5. 每股收益

五、问答题

1. 简述投资指标中的 GDP 的相关定义及特点。
2. 试说明货币供给的三个层次。
3. 简述行业的四个周期。

第七章

证券投资技术分析

本章基本内容框架

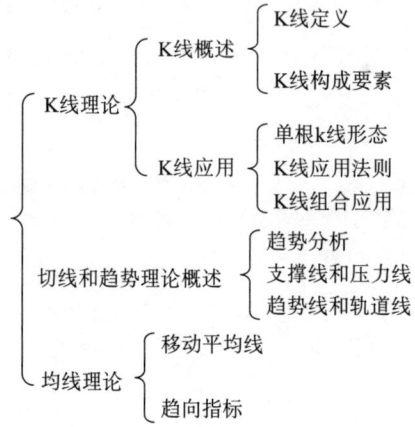

重点、难点讲解及典型例题

一、k线构成要素及应用

1. k线构成要素

它是以每个分析周期的开盘价、最高价、最低价和收盘价绘制而成。以绘制日k线为例,首先确定开盘和收盘的价格,它们之间的部分画成矩形实体。如果收盘价格高于开盘价格,则k线被称为阳线,用空心的实体表示。反之称为阴线用黑色实体或白色实体表示。很多软件都可以用彩色实体来表示阴线和阳线,在国内股票和期货市场,通常用红色表示阳线,绿色表示阴线。用较细的线将最高价和最低价分别与实体连接。最高价和实体之间的线被称为上影线,最低价和实体间的线称为下影线。

2. k线的应用

无论是对一根k线的综合判断,还是对多根k线的综合判断,都是对多空双方做出的一个描述,对k线的判断和应用,可掌握以下几条原则:

(1)看阴阳。为了便于理解和记忆,可以把多空双方想象成进行一场拔河比赛,多方向上拉，空方向下拉。开盘价是均衡点，多方胜利是阳线，空方胜利是阴线。如果紧连的两根或者三根 k 线分别为阳线和阴线，则要注意分析它们之间的关系，着重比较收盘价的相对关系。

（2）看实体。分析实体的长短，阳线的实体越长，表明买方的力量越强；阴线的实体越长，表明卖方的力量越强。两根或三根 k 线组合在一起时，如果同时为阳线，则后面的阳线实体与前面的阳线相比，一根比一根长，表明买方占绝对优势，股价涨势还将增强；如果后面的阳线与前面相比，渐次缩短，表明买方气势已经开始减弱，股价涨幅有限。如果同是阴线则相反，两根或三根阴线，后面比前面的长，则卖方势力强，还会进一步打压股价，阴线渐次缩短，则卖方力量开始衰退，股价下跌势头趋缓。

（3）看影线的长短。分析上影线和下影线的长短，上影线长，说明买方将股价推高后遇到空方打压，上影线长，表明空方阻力越大；下影线长，说明买方在低价位有强力的支撑，下影线长，表明支撑力越强。

【例题 1·单项选择题】k 线有阴线、阳线和非阴非阳线，则关于非阴非阳线的颜色确定以下正确的是（ ）。

A. 与前一根 k 线的开盘价作比较，比开盘价高则为红色
B. 与前一根 k 线的收盘价作比较，比收盘价高则为红色
C. 与前一根 k 线的开盘价作比较，比开盘价高则为绿色
D. 与前一根 k 线的收盘价作比较，比收盘价高则为绿色

【答案】B

【解析】非阴非阳线的颜色确定是与前一天的收盘价作比较，比收盘价高为红色，比收盘价低为绿色，与收盘价相同，那颜色就与前一根的颜色相同。所以选 B。

【例题 2·单项选择题】在下列 k 线组合中，代表趋势好的 k 线组合为（ ）。

A. 曙光初现   B. 吊颈
C. 乌云盖顶   D. 穿头破脚

【答案】A

【解析】单根 k 线的形态有很多，k 线组合也有很多意义，曙光初现是典型的趋势好的 k 线组合，而其他的吊颈、穿头破脚和乌云盖顶都是典型的熊市代表。所以选 A。

【例题 3·多项选择题】以下 k 线应用法则中正确的是（ ）。

A. 阳线比阴线好   B. 阳线实体长了是好势头
C. 阴线实体短了是好势头   D. 上影线长了是好势头

【答案】ABC

【解析】对 k 线的判断和应用，可掌握以下几条原则：首先看阴阳。为了便于理解和记忆，可以把多空双方想象成进行一场拔河比赛，多方向上拉，空方向下拉。其次看实体。分析实体的长短，阳线的实体越长，表明买方的力量越强；阴线的实体越长，表明卖方的力量越强。最后看影线的长短。分析上影线和下影线的长短，上影线

长,说明买方将股价推高后遇到空方打压,上影线长,表明空方阻力越大。所以选 ABC。

二、支撑线、压力线和趋势线

支撑线又称为抵抗线。当股价跌到某个价位附近时,股价停止下跌,甚至有可能还有回升。这个起着阻止股价继续下跌或暂时阻止股价继续下跌的价格就是支撑线所在的位置。

压力线又称为阻力线。当股价上涨到某价位附近时,股价会停止上涨,甚至回落。这个起着阻止或暂时阻止股价继续上升的价位就是压力线所在的位置。

支撑线和压力线的作用是阻止或暂时阻止股价向一个方向继续运动。同时,支撑线和压力线又有彻底阻止股价按原方向变动的可能。

一条支撑线如果被跌破,那么这个支撑线将成为压力线;同理,一条压力线被突破,这个压力线将成为支撑线。这说明支撑线和压力线的地位不是一成不变的,而是可以改变的,条件是它被有效的足够强大的股价变动突破。

趋势线是衡量价格波动的方向的,由趋势线的方向可以明确地看出股价的趋势。在上升趋势中,将两个低点连成一条直线,就得到上升趋势线。在下降趋势中,将两个高点连成一条直线,就得到下降趋势线。要得到一条真正起作用的趋势线,要经多方面的验证才能最终确认。首先,必须确实有趋势存在。其次,画出直线后,还应得到第三个点的验证才能确认这条趋势线是有效的。

【例题4·单项选择题】支撑线的其他名称不包括(　　)。
A. 抵抗线　　　　　　　　B. 止损线
C. 压力线　　　　　　　　D. 以上都是
【答案】C
【解析】支撑线又称为抵抗线、止损线。当股价跌到某个价位附近时,股价停止下跌,甚至有可能还有回升。这个起着阻止股价继续下跌或暂时阻止股价继续下跌的价格就是支撑线所在的位置。所以选 C。

【例题5·单项选择题】(　　)是衡量价格波动方向的,由趋势线的方向可以明确地看出股价的趋势。
A. 趋势线　　　　　　　　B. 支撑线
C. 压力线　　　　　　　　D. 抵抗线
【答案】A
【解析】趋势线是衡量价格波动的方向的,由趋势线的方向可以明确地看出股价的趋势。在上升趋势中,将两个低点连成一条直线,就得到上升趋势线。在下降趋势中,将两个高点连成一条直线,就得到下降趋势线。所以选 A。

三、均线理论

移动平均线(Moving Average),简称 MA,原本的意思是移动平均,由于我们将其制作成线形，所以一般称之为移动平均线，简称均线。它是将某一段时间的收盘价之和除以该周期。比如日线 MA5 指 5 天内的收盘价除以 5。

常用线有 5 天、10 天、30 天、60 天、120 天和 240 天的指标。其中，5 天和 10 天的短期移动平均线。是短线操作的参照指标，称做日均线指标；30 天和 60 天的是中期均线指标，称做季均线指标；120 天、240 天的是长期均线指标，称做年均线指标。对移动平均线的考查一般从几个方面进行。

黄金交叉，就是指上升中的短期移动平均线由下而上穿过上升的长期移动平均线的交叉，这个时候压力线被向上突破，表示股价将继续上涨，行情看好。均线黄金交叉指股价向上突破压力。一般实线表示长期移动平均线，虚线表示短期移动平均线，短期移动平均线和长期移动平均线形成两个交点。

死亡交叉，是指下降中的短期移动平均线由上而下穿过下降的长期移动平均线，这个时候支撑线被向下突破，表示股价将继续下落，行情看跌。与死亡交叉相反的行情是黄金交叉，需要注意的是，投资者仅仅依据黄金交叉或死亡交叉来买进或卖出是有片面性的。因为移动平均线只是一种基本趋势线，在反映股价的突变时具有滞后性，因而，黄金交叉或死亡交叉只能作为一种参考。

多头排列，就是日线在上，以下依次短期线、中期线、长期线，这说明我们过去买进的成本很低，做短线的、中线的、长线的都有赚头，市场一片向上，这便是典型的牛市了。

空头排列，指的是日线在下，以上依次分别为短期线、中期线、长期线，这说明我们过去买进的成本都比现在高，做短、中、长线的此时抛出都在"割肉"，市场一片看坏。

【例题 6·单项选择题】代表股票价格将小幅上涨后会大跌的均线排列组合为（ ）。

A. 收敛式多头　　　　　　　　B. 收敛式空头
C. 发散式多头　　　　　　　　D. 发散式空头

【答案】A

【解析】多头排列，就是日线在上，以下依次短期线、中期线、长期线，而收敛式多头就是小幅上涨后即跌的形态。

空头排列，指的是日线在下，以上依次分别为短期线、中期线、长期线，而发散式空头就是未来将持续下跌的形态。所以选 A。

【例题 7·多项选择题】以下属于黄金交叉点的是（   ）。

A. 三日均从下向上突破五日均　　B. 五日均从下向上突破十日均
C. 五日均从下向上突破二十日均　D. 十日均从下向上突破五日均

【答案】ABC

【解析】均线"黄金交叉"就是指上升中的短期移动平均线由下而上穿过上升的长期移动平均线的交叉，这个时候压力线被向上突破，表示股价将继续上涨，行情看好。均线黄金交叉指股价向上突破压力。一般实线表示长期移动平均线，虚线表示短期移动平均线，短期移动平均线和长期移动平均线形成两个交点。所以选 ABC。

思考与练习

一、单项选择题

1. MACD 指标出现顶背离时应（　　）。
   A. 买入　　　　　　　　　　B. 卖出
   C. 观望　　　　　　　　　　D. 无参考价值
2. 早晨之星通常出现在（　　）。
   A. 上升趋势中　　　　　　　B. 下降趋势中
   C. 横盘整理中　　　　　　　D. 顶部
3. 外盘大于内盘，通常股价会（　　）。
   A. 上涨　　　　　　　　　　B. 下跌
   C. 盘整　　　　　　　　　　D. 无法判断
4. 波浪理论的最核心的内容是以（　　）为基础的。
   A. K 线理论　　　　　　　　B. 指标
   C. 切线　　　　　　　　　　D. 周期
5. 下面指标中，根据其计算方法，理论上所给出买、卖信号最可靠的是（　　）。
   A. MA　　　　　　　　　　　B. MACD
   C. WR%　　　　　　　　　　D. KDJ
6. 下列情况下，最不可能出现股价上涨（继续上涨）情况的是（　　）。
   A. 低位价涨量增　　　　　　B. 高位价平量增
   C. 高位价涨量减　　　　　　D. 高位价涨量平
7. 描述股价与移动平均线相距远近程度的指标是（　　）。
   A. RSI　　　　　　　　　　　B. PSY
   C. WR%　　　　　　　　　　D. BIAS
8. 在下列指标的计算中，唯一没有用到收盘价的是（　　）。
   A. MACD　　　　　　　　　　B. BIAS
   C. RSI　　　　　　　　　　　D. PSY
9. 技术分析的理论基础是（　　）。
   A. 道氏理论　　　　　　　　B. 缺口理论
   C. 波浪理论　　　　　　　　D. 江恩理论
10. 构建证券组合的原因是（　　）。

A. 降低系统性风险　　　　　　　　B. 降低非系统性风险
C. 增加系统性收益　　　　　　　　D. 增加非系统性收益

11. 技术分析作为一种分析工具，其假设前提是（　　）。
A. 市场行为涵盖了一部分信息
B. 证券的价格是随机运动的
C. 证券价格沿趋势移动
D. 证券价格以往的历史波动不可能在将来重复

12. 量价的基本关系是成交量与股价趋势（　　）。
A. 同步同向　　　　　　　　　　　B. 同步反向
C. 异步同向　　　　　　　　　　　D. 异步反向

13. 下列有关反转形态的说法，错误的是（　　）。
A. 反转形态的出现，表现股价运动将出现方向性的转折
B. 反转形态出现的前提条件是确实存在着股价上升或下降的趋势
C. 通常反转形态的规模越大，则反转后价格变动的幅度将越大
D. 通常反转形态的规模越大，则反转后价格变动的幅度将越小

14. 证券间的联动关系由相关系数来衡量，其取值总是介于 −1 和 1 之间，若相关系数值为正，表明（　　）。
A. 两种证券间存在完全的同向的联动关系
B. 两种证券的收益有反向变动倾向
C. 两种证券的收益有同向变动倾向
D. 两种证券间存在完全反向的联动关系

15. 证券的系数大于零表明（　　）。
A. 证券当前的市场价格偏低
B. 证券当前的市场价格偏高
C. 市场对证券的收益率的预期低于均衡的期望收益率
D. 证券的收益超过市场的平均收益

二、多项选择题

1. 三角形形态是一种重要的整理形态，根据图形可分为（　　）。
A. 对称三角形　　　　　　　　　　B. 下降三角形
C. 直角三角形　　　　　　　　　　D. 上升三角形

2. 证券市场里的投资者可以分为（　　）。
A. 多头　　　　　　　　　　　　　B. 空头
C. 持币观望者　　　　　　　　　　D. 持股观望者

3. 在百分比线中，下列最为重要的包括（　　）。
A. 1/4　　　　　　　　　　　　　 B. 1/3

C. 1/2　　　　　　　　　　　　D. 2/3

4. 在甘氏线中，最重要的三条线有（　　）。
   A. 26.25 度线　　　　　　　　B. 33.75 度线
   C. 45 度线　　　　　　　　　 D. 63.75 度线

5. 具有明显的形态方向且与原有的趋势方向相反的整理形态有（　　）。
   A. 菱形　　　　　　　　　　　B. 三角形
   C. 楔形　　　　　　　　　　　D. 旗形

6. 波浪理论考虑的因素主要有（　　）。
   A. 股价走势所形成的形态
   B. 股价走势图中各个高点和低点所处的相对位置
   C. 股价移动的趋势
   D. 完成某个形态所经历的时间长短

7. 证券价格的变动趋势一般分成（　　）。
   A. 上升趋势　　　　　　　　　B. 下降趋势
   C. 突破趋势　　　　　　　　　D. 盘整趋势

8. K 线图又称蜡烛线，是目前普遍使用的图形，其基本种类有（　　）。
   A. 阳线　　　　　　　　　　　B. 阴线
   C. 十字线　　　　　　　　　　D. 阴阳线

9. 假设表示两种证券的相关系数。那么，正确的结论有（　　）。
   A. 取值为正表明两种证券的收益有同向变动倾向
   B. 取值为零表明两种证券之间没有联动倾向
   C. 取值为负表明两种证券的收益有反向变动的倾向
   D. 取值 = 1 表明两种证券间存在完全的同向的联动关系

10. 股价趋势从其运动方向看，可分为（　　）。
    A. 长期趋势　　　　　　　　　B. 上涨趋势
    C. 水平趋势　　　　　　　　　D. 下跌趋势

三、判断题

1. 技术分析是以证券市场的过去轨迹为基础，预测证券价格未来变动趋势的一种分析方法。　　　　　　　　　　　　　　　　　　　　　　　　（　　）

2. 道氏理论认为股市在任何时候都存在着三种运动，即长期趋势、中期趋势、短期趋势运动。　　　　　　　　　　　　　　　　　　　　　　　（　　）

3. 技术分析中的反转不同于股价的变动，而是指对原先股价运动趋势的转折性变动。　　　　　　　　　　　　　　　　　　　　　　　　　　　（　　）

4. 股价移动平均线可用于对股价趋势进行短期预测。　　　　　　　（　　）

5. 波浪理论中的波浪形态可无穷伸展和压缩，但它的基本形态不变。（　　）

6. 无论在上升行情还是在下跌行情中，平均成交量没有明显变化，表明行情即将会突破。　　　　　　　　　　　　　　　　　　　　　　　　　　（　　）

7. 技术分析中的涨跌比率指标（ADR）的采样太大，容易受当日股价变动而产生震荡性变动。　　　　　　　　　　　　　　　　　　　　　　　　（　　）

8. 选择投资时机可由技术分析解决，即通过预测证券市场的变动方向，抓住股价变动的转折点进行买卖。　　　　　　　　　　　　　　　　　　　（　　）

9. 世界各国证券投资分析师自律性组织通常为会员进行资格认证，资格认证必须通过专门的考试确认。　　　　　　　　　　　　　　　　　　　　（　　）

10. 证券投资分析师在十分确定的情况下，为了自己和客户的利益，可以在进行投资预测时，向投资人或委托单位作出保证。　　　　　　　　　　　（　　）

四、名词解释

1. K 线　　　　　　　　　　　　2. 支撑线
3. 轨道线　　　　　　　　　　　4. 楔型
5. MACD

五、问答题

1. 请叙述 k 线的应用法则。
2. 简述双重顶及其形成过程。
3. 简述移动平均线的特征。

第八章

证券投资收益、风险及其衡量

本章基本内容框架

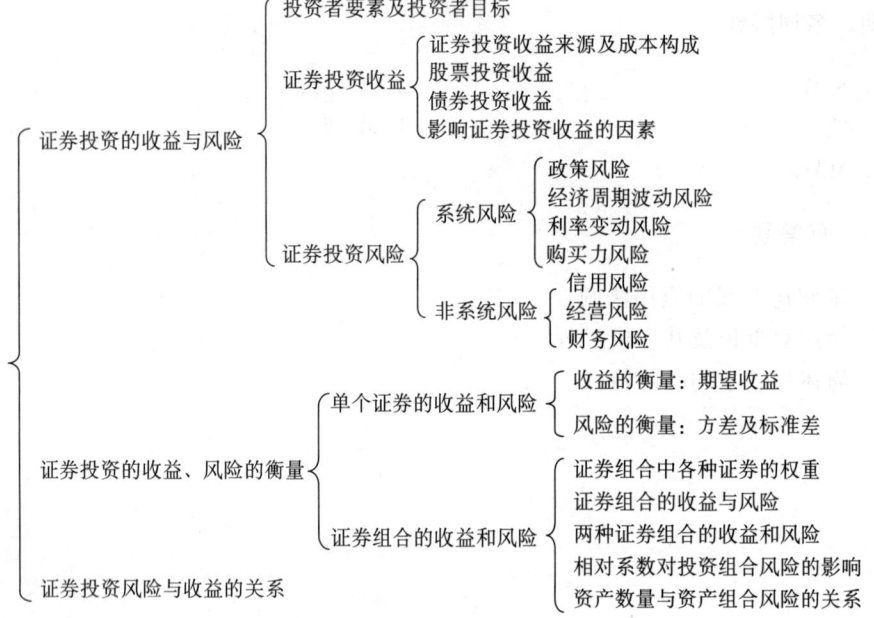

重点、难点讲解及典型例题

一、证券投资的收益

1. 证券投资收益及成本

证券投资收益是指投资在一定时期内进行投资，其所得与其支出的差额，即证券投资者在从事证券投资活动中所获得的报酬。差额若为正，则数额越大说明收益越高，反之则说明收益越小。差额若为正，则说明该项投资收益为负收益或净亏损。换言之，证券投资收益就是投资者在购买、持有、出售某种有价证券的过程中各种投资回报与投入本金之间的差额。

理论上来说，证券投资收益应包括三部分：一是证券持有收益。这是投资者通过持有某种证券而自动获得发行者分配性回报的收益；二是证券交易收益。它是指投资者通过在证券市场低价买进然后高价卖出某种证券所获得的价差收益。三是派息再投资收益。它是指投资者利用某种证券所派之息，在证券市场上购买更多同种证券，直至期末一同出售而获取的收益。证券投资所获得的收益既可能包括上述全部收益，也可能仅包括其中的两项或一项收益，这取决于投资者选择的投资方式。

为了获取投资收益，投资者要付出一定的代价，即证券投资成本。只有将收益与成本相联系来进行分析，才能比较准确、客观地评价投资收益的高低，该项分析评价也才能更有价值。

证券投资者的成本包括参与证券交易活动按规定交纳的各种成本费用，具体有：委托手续费、交易佣金、印花税、过户费等。

证券投资收益受多种因素影响：证券的市场价格、投资期限、银行利率的升降、公司盈利水平、通胀率的高低、证券投资者支付的佣金及所得税等。

2. 股票投资收益

股票投资收益是指投资者从购入股票开始到出售股票为止整个持有期间的收入。主要表现为股息收入（现金股息、股票股息）、资本损益（资本利得或资本损失）等。

股票投资收益受多种因素影响：股份公司的经营业绩及盈利水平、股份公司的经营决策、股份公司的负债情况、股东的态度、法律的制约、投资者的操作、股票自身的价格波动等。

3. 债券投资收益

债券投资收益是指投资人持有债券而获得的利息报酬等收入。一般来说，债券投资收益主要来自三部分：一是债券的利息收益。这是债券发行时就决定的，除保值贴补债券和浮动利率债券，债券的利息收入不会改变，投资者在购买债券前就可得知。二是资本损益。资本损益受债券市场价格变动的影响。三是投资再收益。由于资本损益和再投资收益具有不确定性，投资者在做投资决策时，计算的到期收益率只是预期的收益率，只有当投资期结束时才能计算实际收益率。

【例题1·单项选择题】以下不属于股票投资收益来源的是（　　）。

A. 现金股息　　　　　　　　B. 股票股息
C. 资本利得　　　　　　　　D. 利息收入

【答案】D

【解析】股票投资收益是指投资者从购入股票开始到出售股票为止整个持有期间的收入。主要表现为股息收入（现金股息、股票股息）、资本损益（资本利得或资本损失）等。而利息收入主要是债券投资的收益，因此 ABC 都是，而 D 不属于。所以选 D。

【例题2·单项选择题】债券投资中的资本收益指的是（　　）。

A. 债券票面利率与债券本金的乘积

B. 买入价与卖出价之间的差额，且买入价大于卖出价
C. 买入价与卖出价之间的差额，且买入价小于卖出价
D. 债券持有到期获得的收益

【答案】C

【解析】资本收益是证券投资收益的重要来源，也是债券投资的收益来源之一。而资本收益恰好是当卖出价大于买入价时所得的差额，因此 C 说法正确。所以选 C。

【例题 3·单项选择题】股票投资的资本增值收益来自于（　　）。

　　A. 股票股息　　　　　　　　B. 低买高卖的差价收益
　　C. 税后利润　　　　　　　　D. 公积金转增股本

【答案】C

【解析】股票投资的资本增值收益不是来自当年可分配利润，而是公司提取的公积金，因此又称为公积金转增股本，公积金转增股本通常采取送股的形式。因此只有 C 说法正确，所以选 C 项。

【例题 4·单项选择题】某投资者以 15 元每股的价格买入 A 公司股票若干股，年终分得现金股息 0.9 元。该投资者在持有股票一年后将股票以 16 元的价格出售，则其持有期收益率为（　　）。

　　A. 11.67%　　　　　　　　　B. 12.67%
　　C. 10.67%　　　　　　　　　D. 13.33%

【答案】B

【解析】根据股票投资持有期收益率计算公式，可得：$\frac{0.9 + (16 - 15)}{15} \times 100\% = 12.67\%$。因此本题正确选项为 B。

二、证券投资的风险

证券投资的所有风险可以分为两大类：系统风险、非系统风险。

系统风险是指由于某种全局性的共同因素引起的投资收益的可能变动，这种因素以同样的方式对所有证券的收益产生影响。这类风险来源于宏观方面的变化，而且不能通过证券投资组合加以分散，也称为"不可分散风险"。

非系统风险是指只对某个行业或个别公司的证券产生影响的风险，它通常由某一特殊因素引起，与整个证券市场的价格不存在系统、全面的联系，而只对个别或少数证券的收益产生影响。这种风险不会影响其他证券的收益，可以通过分散投资来抵消，因此也称为"可分散风险"。

证券投资风险种类见表 8-1。

表 8-1　　　　　　　　　　　　　证券投资风险种类

风险种类	具体种类	风险描述
系统风险	政策风险	政府有关证券市场的政策发生重大变化或是有重要的法规、举措出台，引起证券市场的波动，从而给投资者带来的风险
	经济周期波动风险	由于经济周期波动所引起的证券行情长期趋势的改变。整体可分为看涨市场（多头市场）和看跌市场（空头市场）两大类型
	利率变动风险	市场利率变动引起证券市场变动的可能性。市场利率的变化会引起证券价格变动，并进一步影响证券收益的确定性
	购买力风险	由于通货膨胀、货币贬值给投资者带来实际收益水平下降的风险
非系统风险	信用风险	证券发行人在证券到期时无法偿还本息而使投资者遭受损失的风险
	经营风险	公司的决策人员与管理人员在经营管理过程中出现失误而导致公司盈利水平变化，从而使投资者预期收益下降的可能
	财务风险	公司财务结构不合理、融资不当而导致投资者预期收益下降的风险

【例题 5·单项选择题】下列各种证券中，受经营风险影响最大的是（　　）。

A. 普通股　　　　　　　　　　　B. 优先股
C. 公司长期债券　　　　　　　　D. 公司短期债券

【答案】A

【解析】由于普通股的股息是不固定的，取决于公司经营业绩的好坏。因此经营风险对公司的经营影响最为直接，从而对普通股的影响也最大，因此 A 是正确的，所以选 A。

【例题 6·单项选择题】只有当证券投资的名义收益率（　　）时，投资者才有实际收益。

A. 小于通货膨胀率　　　　　　　B. 等于通货膨胀率
C. 大于通货膨胀率　　　　　　　D. 不等于通货膨胀率

【答案】C

【解析】购买力风险也称通货膨胀风险，是由于通货膨胀、货币贬值给投资者带来实际收益水平下降的风险。由于货币贬值，货币购买力水平下降，投资者的实际收益不仅并没有增加，反而有所减少。因此投资者应通过计算实际收益率来分析购买力风险。一般情况下，实际收益率＝名义收益率－通货膨胀率，只有当名义收益率大于通货膨胀率时，投资者才有实际收益，否则即使名义收益率大于零，实际上投资者也受到了损失。因此只有 C 正确，所以选 C。

【例题 7·多项选择题】关于利率变化引起证券价格变化，下列说法正确的有（　　）。

A. 利率与证券价格呈反向变化
B. 利率的提高会改变资金流向，使得债券需求降低，从而导致债券价格降低

C. 利率提高，公司融资成本提高，净盈利下降，派发股息减少，引起股票价格下降

D. 利率提高，使债券价格先降低再升高到原来水平

【答案】ABC

【解析】利率变动风险是影响证券投资收益的重要风险。市场利率与证券价格呈反向变化。一般从两方面影响证券价格：一是改变资金流向，如当市场利率提高时，会吸引一部分资金流向银行储蓄、商业票据等金融资产，减少对证券的需求，使证券价格下降；二是影响公司的盈利，如利率提高，公司融资成本提高，在其他条件不变的情况下净盈利下降，派发股息减少，引起股票价格下跌。因此 ABC 说法都是正确的。D 项中利率提高会引起债券价格下降，因此表述错误。所以正确的选 ABC。

【例题 8·单项选择题】投资者回避信用风险的最好办法是（   ）。

A. 参考证券信用评级结果

B. 分散投资

C. 增大投资于债券的比例，减少投资股票的比例

D. 投资于证券投资基金

【答案】A

【解析】信用级别高的证券信用风险小，信用级别越低，违约的可能性越大，因此信用风险较大。因此 A 正确。分散投资并不能分散信用风险，而增加债券的投资比例，只能增加信用风险。另外投资于证券投资基金也不能分散信用风险，因为信用风险属于非系统风险，无法通过投资组合进行分散。因此，BCD 说法都不正确。所以本题选 A。

三、单个证券、证券组合的收益及风险计算

1. 单个证券的收益和风险

（1）收益的衡量：期望。证券投资的收益是未来的可能性收益，面临许多的不确定性，这也是证券组合的风险。构建投资组合的目的就在于如何达到降低风险和收益最大化目标，即实现风险一定，收益最大；或者收益一定，风险最小。需要强调的是，理性投资的基本假设是：投资者是厌恶风险者，从这一假设出发，首先要解决是如何量化单个证券的收益和风险。

证券的收益是一个不确定收益，对证券这一未来可能的收益率有了一个综合的估计，这就是该证券的预期收益率。因此，预期收益是证券未来收益的数学期望，所以预期收益率也称为期望收益率。这样就对证券的收益进行了量化。其计算公式为：

$$E(r) = P_1 r_1 + P_2 r_2 + \cdots\cdots + P_n r_n = \sum_{i=1}^{n} P_i r_i$$

式中，$E(r)$ 预期表示收益率，r_i 表示第 i 种情况的收益，P_i 表示 r_i 可能发生的概率。

(2) 风险的衡量：方差和标准差。一般认为，证券投资风险是指证券投资收益率偏离预期收益率的可能性。衡量投资风险的方法很多，但最常见的方法是方差和标准差。

方差是表示不确定变量的可能值的分散程度，也就是变量取值的不确定程度，因此也就表示了风险的大小。而标准差是方差的算术平方根，两者都可以用于衡量数据的波动情况，也就是可以衡量证券投资风险的大小。如果投资者以预期收益率为依据进行投资决策，就必须意识到不能达到预期的可能。可能的收益率越分散，它与预期收益的偏离程度就越大，投资者所承担的风险就越大。

投资收益率方差和标准差的计算公式如下：

$$\sigma^2 = \sum_{i=1}^{n} P_i [r_i - E(r)]^2$$

$$\sigma = \sqrt{\sum_{i=1}^{n} P_i [r_i - E(r)]^2}$$

式中，σ^2 表示证券收益率的方差，σ 表示证券收益率的标准差，$E(r)$ 预期表示收益率，r_i 表示第 i 种情况的收益，P_i 表示 r_i 可能发生的概率。

【例题9·单项选择题】假设未来经济有四种可能状态：繁荣、正常、衰退、萧条，对应地发生的概率是 0.2，0.4，0.3，0.1，某理财产品在四种状态下的收益率分别是 9%，12%，10%，5%，则该理财产品收益率的标准差是（　　）。

A. 2.07%　　　　　　　　　　B. 2.65%
C. 3.10%　　　　　　　　　　D. 3.13%

【答案】D

【解析】本题要计算标准差，应首先计算预期收益率，然后再计算标准差。根据单个资产投资收益率和标准差的计算公式，可得：$E(r) = 0.2 \times 9\% + 0.4 \times 12\% + 0.3 \times 10\% + 0.1 \times 5\% = 10.1\%$

$$\sigma = \sqrt{\sum_{i=1}^{n} P_i [r_i - E(r)]^2}$$
$$= \sqrt{0.2 \times (9\% - 10.1\%)^2 + 0.4 \times (12\% - 10.1\%)^2 + 0.3 \times (10\% - 10.1\%)^2 + 0.1 \times (5\% - 10.1\%)^2}$$
$$= \sqrt{0.00097696} = 3.13\%$$

2. 证券组合的收益和风险

(1) 证券组合的收益。证券组合是由两种及以上的证券品种组成的一个整体。当给出证券组合中各种证券的权重及其收益率，则证券组合的收益也能通过公式计算出来。

证券组合 P 由 n 种证券构成，其权重分别为 $x_1, x_2, x_3, \ldots\ldots, x_n$，其收益率 $r_1, r_2, r_3, \ldots\ldots, r_n$，则证券组合 P 的收益计算公式为：

$$E(r_p) = E(\sum_{i=1}^{n} x_i r_i) = \sum_{i=1}^{n} x_i E(r_i)$$

(2) 证券组合的风险。证券组合的风险也可以通过计算证券组合的方差或标准差等进行衡量。而根据方差的定义，证券组合的方差就是该组合的收益与预期收益偏离数的平方。计算公式如下：

$$\sigma_p^2 = \sum_{i=1}^{n}\sum_{j=1}^{n}\left[x_ix_jCov(r_i,r_j)\right] = \sum_{i=1}^{n}x_i^2\sigma_i^2 + \sum_{i=1}^{n}\sum_{j=1,i\neq j}^{n}\left[x_ix_j\sigma_{ij}\right]$$

$$\sigma_p = \sqrt{\sigma_p^2}$$

从上式中可见，投资组合收益率的方差等于构成组合的各种证券两两之间的协方差的加权平均数。这说明证券组合的风险取决于三个因素：一是各种证券在组合中的比例；二是各种证券的风险（标准差）；三是各种证券之间的相关关系。

【例题10·单项选择题】投资组合中，关于相关系数ρ的表述错误的是（　　）。
A. ρ取值范围在 [-1, 1] 之间
B. ρ的大小代表了两个资产相关性的强弱
C. ρ=1时，标明两项资产完全正相关
D. ρ=-1时，表明两项资产没有关系

【答案】D

【解析】相关系数ρ通常用来表示资产之间的相关性。ρ取值范围在 [-1, 1] 之间，ρ的大小代表了两个资产相关性的强弱。如果两个资产同时涨跌，则说明其收益具有明显的正相关性，ρ>0，如果两个资产涨跌之间没有明显的关系，则ρ=0。如果两个资产一涨一跌，则说明两个资产具有明显的负相关性。当ρ=1时，标明两项资产完全正相关；当ρ=-1时，表明两项资产完全负相关。因此上述说法，ABC三项都正确，D错误，所以选D。

【例题11·单项选择题】假设价值1000元资产组合中有三个资产，其中资产X的价值是300元，期望收益率是9%；资产Y的价值是400元，期望收益率是12%；资产Z的价值是300元，期望收益率是15%，则该资产组合的期望收益率是（　　）。

A. 10%　　　　　　　　　　　B. 11%
C. 12%　　　　　　　　　　　D. 13%

【答案】C

【解析】资产组合的期望收益率等于各个资产的期望收益率的加权平均值，权重分别是各个资产的价值与资产组合价值的比重：根据投资组合的期望收益率计算公式可得：9%×300/1000+12%×400/1000+15%×300/1000=12%。所以选C。

四、证券投资风险与收益的关系

收益和风险是证券投资的核心问题。投资者投资于证券的直接目的在于获取收益，因而投资决策的目标是使得收益最大化。与此同时又不可避免地面临着风险。风险与收益同在，收益是风险的补偿，风险是收益的代价，两者在证券投资中总是形影

相随，无法分离。证券投资者要想获取一定收益就必须承担一定的风险。

风险与收益是相对称的。一般情况下，风险大收益大，风险小收益小，无风险无收益。当风险不发生时，高风险肯定带来高收益；然而当风险发生后，高风险意味着高损失。但是，绝对不能盲目地认为风险越大，收益就一定大。

【例题12·单项选择题】以下关于证券投资的收益与风险，说法正确的是（　　）。

A. 投资者可以通过恰当的投资实现只有收益而不承担任何风险

B. 一般来说，收益越高，风险是越小的

C. 投资者承担的风险越大，就必然能获得越高的收益

D. 组合投资可以实现在收益不变的情况下，降低风险

【答案】D

【解析】风险与收益同在，收益是风险的补偿，风险是收益的代价，两者在证券投资中总是形影相随，无法分离。任何投资都不可能只有收益而没有风险，因此A错误。风险与收益是相对称的。一般情况下，风险大收益大，风险小收益小，无风险无收益。因此B错误。现实中，风险越大，投资者不一定能获得高收益，因此C错误，只有D表述正确，所以选D。

【例题13·单项选择题】根据证券投资收益与风险的关系，投资者选择证券时，以下说法不正确的是（　　）。

A. 所面对风险相同的情况下，投资者会选择收益较低的证券

B. 所面对风险相同的情况下，投资者会选择收益较高的证券

C. 当各证券预期收益相同时，投资者会选择风险较小的证券

D. 投资者的风险偏好会对其投资选择产生影响

【答案】A

【解析】收益和风险是证券投资的核心问题。投资者投资于证券的直接目的在于获取收益，因而投资决策的目标是使得收益最大化。当风险相同时，投资者应选择收益较高的证券；当预期收益相同时，投资者应选择风险较低的证券。同时，投资者对的风险偏好会影响其投资选择，厌恶风险者会选择风险低因而收益低的证券，而偏好风险者则往往会选择收益高风险也高的证券投资。因此上述说法中，BCD都准确，只有A错误，所以选A。

思考与练习

一、单项选择题

1. 年利息收入与债券面额的比率是（　　）。

A. 票面收益率　　　　　　　　　　B. 到期收益率

C. 当期收益率   D. 持有至到期收益率

2. 某投资者以 10 元一股的价格买入某公司的股票，持有一年分得现金股息 0.5 元，则该投资者的股利收益率是（　　）。
   A. 4%   B. 5%
   C. 6%   D. 0.5%

3. 下列证券投资风险中，属于系统性风险的是（　　）。
   A. 财务风险   B. 信用风险
   C. 购买力风险   D. 经营风险

4. 以股票的方式派发的股息，由公司用新增发的股票或一部分库存股票作为股息派发，称之为（　　）。
   A. 现金股息   B. 股票股息
   C. 财产股息   D. 负债股息

5. 下列金融资产的风险将从低到高的顺序为（　　）。
   A. 银行存款、国债、公司债券、股票   B. 国债、银行存款、公司债券、股票
   C. 股票、公司债券、银行存款、国债   D. 国债、银行存款、股票、公司债券

6. 普通股股票的主要风险是（　　）。
   A. 利率风险   B. 信用风险
   C. 经营风险   D. 财务风险

7. 关于证券投资的系统风险，错误的是（　　）。
   A. 系统风险包括社会、政治、经济等各个方面
   B. 系统风险会对所有企业产生不同程度的影响，不能通过多样化投资而分散
   C. 系统风险来自企业内部，单一证券有时可以回避但效果不好，又称不可分散风险
   D. 现实生活中，所有企业都受系统风险的影响

8. 关于信用风险，说法错误的是（　　）。
   A. 信用风险指证券发行人在证券到期时无法还本付息而使投资者遭受损失的风险
   B. 债券、优先股、普通股都可能有信用风险，但程度有所不同
   C. 信用风险是普通股的主要风险
   D. 信用风险的高低与债券的期限长短有关

9. 公司以货币形式支付的股息，称为（　　）。
   A. 现金股息   B. 财产股息
   C. 股票股息   D. 建业股息

10. 期限相同的企业债券利率高于政府债券的利率，这是对（　　）的补偿。
    A. 经营风险   B. 财务风险
    C. 通胀风险   D. 信用风险

11. 理财产品 X 的收益率上升时，理财产品 Y 的收益率下降，则理财产品 X 和 Y 的收益率相关系数可能是（　　）。

A. 0.5　　　　　　　　　　　　B. 0.65

C. -0.8　　　　　　　　　　　　D. 以上都不可能

12. 实务中用来衡量资产风险的最常用的统计指标是（　　）。

A. 期望收益率　　　　　　　　　B. 价格

C. 收益率的方差　　　　　　　　D. 相关系数

13. 假设未来经济有四种可能状态：繁荣、正常、衰退、萧条，对应地发生的概率是 0.3，0.35，0.1，0.25，某理财产品在四种状态下的收益率分别是 50%，30%，10%，-20%，则该理财产品的期望收益率是（　　）。

A. 20.4%　　　　　　　　　　　B. 20.9%

C. 21.5%　　　　　　　　　　　D. 20.5%

二、多项选择题

1. 利率主要从（　　）两方面影响证券价格。

A. 信用　　　　　　　　　　　　B. 改变资金流向

C. 经营风险　　　　　　　　　　D. 影响公司盈利

2. 债券投资的收益主要来源于（　　）。

A. 债券的利息收入　　　　　　　B. 债券的免税收入

C. 债券的差价收入　　　　　　　D. 购买国债的国家奖励

3. 下列不属于非系统风险的有（　　）。

A. 政策风险　　　　　　　　　　B. 经济周期波动风险

C. 利率风险　　　　　　　　　　D. 信用风险

4. 关于投资收益与风险的关系，下列表述正确的有（　　）。

A. 风险较大的证券其要求的收益率相对要高

B. 收益与风险相对应，风险越大，收益就一定越高

C. 收益与风险共生共存，承担风险是获取收益的前提，收益是风险的成本和报酬

D. 投资者投资的目的是为了得到收益，与此同时又不可避免地面临着投资风险

5. 关于利率风险，下列说法正确的有（　　）。

A. 长期国债利率一般比短期国债利率高，因为利率风险对长期债券的影响大于短期债券

B. 股票收益率一般高于债券，这是因为股票面临的市场风险比债券大

C. 利率风险对普通股的影响要大于对优先股的影响

D. 浮动利率债券是对信用风险的补偿

三、判断题

1. 资本公积金转增股本所获取的收益属于资本损益。（　）
2. 公司以新增的股票或一部分库存股票作为股息，称之为股票股息。（　）
3. 通货膨胀条件下，固定收益证券的风险要比浮动收益证券大。（　）
4. 股票投资收益是指投资者从购买股票开始到出售股票为止整个持有期间的股息和资本利得收入。（　）
5. 债券的收益非常稳定，无论发行人经营状况如何，到期就可以获得固定利息，而股票的收益取决于公司的盈利情况。（　）
6. 普通股和优先股都会受到利率变动风险的影响，但是优先股比普通股受利率风险的影响相对较小些。（　）
7. 非系统风险是可以通过投资组合来分散的。（　）
8. 经营风险主要来自于公司内部的管理不善和公司内部的决策失误。（　）
9. 股票投资获得资本增值收益的形式主要是送股，送股的资金来源于公积金。（　）
10. 股票股息的发放将引起公司负债的相应变化。（　）
11. 证券投资的成本主要有委托手续费、交易佣金、证券交易印花税等。（　）
12. 一般来说，公司盈利一定时，公司的债务越多，股东分配的股息就越多。（　）
13. 单个证券预期收益率相同时，更应该选择方差或标准差小的证券进行投资。（　）
14. 资产组合中的证券数量对组合的风险有影响。证券数量越多，风险就越小。（　）
15. 系统风险会影响所有证券的收益，只是对不同证券的影响程度不同。（　）

四、简答题

1. 证券投资收益受哪些因素的影响？
2. 利率变动风险对不同证券的影响有何不同？如何产生影响？
3. 非系统风险有哪些特征？具体有哪些种类？
4. 什么是购买力风险？该风险如何影响普通股？

五、计算题

1. 某投资者拟投资宝钢股票，并且对宝钢股票未来一年股票收益率的概率分布做了估计，见表8-2。请问：基于该投资者的估计，宝钢股票的期望收益率和标准差是多少？

表 8-2

预期收益率（%）	概率（%）
-10	30
5	30
15	40

2. 某公司当前的股价为 23 元，证券分析师列举了可能出现的三种情况，见表 8-3。试问：对该公司股票投资一年，在三种情形下投资收益率分别是多少？投资期望收益率与标准差各是多少？

表 8-3

三种情形	概率（%）	年末价格（元）	年末股利（元）
经济高增长	30	32	4
正常增长	30	25	3.5
无增长	40	15	3.5

第九章

证券市场监管

本章基本内容框架

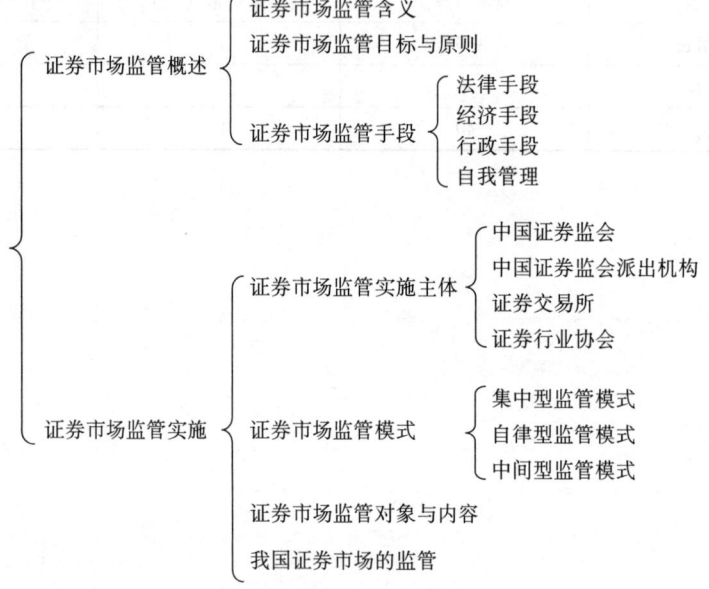

重点、难点讲解及典型例题

一、证券市场监管的目标

证券监管的目标是保护广大投资者的利益,减少或避免证券市场由于信息不对称或一些违法、违规行为给投资者造成损失,通过证券市场监管,避免不良竞争,促使证券市场有序、高效、良性运行。通过证券监管降低交易成本,防止价格垄断、操纵市场和欺诈行为的发生,减少市场风险,维护市场秩序。其具体体现在促进全社会金融资源的配置与政府的政策目标相一致,从而提高整个社会资金的配置效率;消除证券市场和证券产品给某些参与者带来的信息收集和处理能力的不对称性,避免因这种信息的不对称造成的交易不公平;克服超出个别机构承受能力的、涉及整个证券业或者宏观经济的系统性风险;促进整个证券业的公平竞争。

【例题1·单项选择题】( )是证券监管工作的首要目标。
A. 保护投资者合法权益　　　　　B. 证券经营机构的不断壮大
C. 保证证券交易价格的稳定　　　D. 保证证券发行人能够筹集到所需资金

【答案】A

【解析】从资本市场的发展历程来看,保护投资者利益,让投资者树立信心,是培育和发展市场的重要环节,是证券监管机构的首要任务和宗旨,故A选项正确。

【例题2·单项选择题】对证券公司从事的创新业务,中国证监会依据审慎监管的原则予以( )。
A. 核准　　　　　　　　　　　　B. 备案
C. 注册　　　　　　　　　　　　D. 关注

【答案】A

【解析】我国《证券法》第一百二十五条规定了按照业务类型对证券公司进行管理,第一百二十七条原则性地规定了经营各项业务的最低实缴注册资本。对证券公司从事的创新业务,监管部门依据审慎监管的原则予以核准,故A选项正确。

【例题3·多项选择题】证券市场监管应当坚持( )原则。
A. 依法管理　　　　　　　　　　B. 保护投资者利益
C. "三公"　　　　　　　　　　　D. 监督与自律相结合

【答案】ABCD

【解析】证券市场监管的原则主要有:①依法监管原则,必须做到有法可依、有法必依;②保护投资者利益原则;③"三公"原则,即公开、公平、公正;④监督与自律相结合的原则,故ABCD正确。

二、证券市场监管的对象及内容

证券市场监管对象是指参与证券市场活动的机构与个人及其相关行为。监管对象包括证券交易所、证券投资者(个人或机构)、证券公司、证券登记结算机构、证券交易服务机构以及证券业协会、证券发行人,同时对证券发行程序、流通过程进行审查、管理和监督。

证券发行监管是指证券监管部门对证券发行的审查、核准和监控。这是保证上市公司质量的第一道管卡,大多数国家对证券发行实行严格监管。按照审核制度划分,世界各国证券发行监管主要有两种制度:核准制和注册制。

对证券市场交易的监管主要包括对操纵市场的监管、对证券欺诈行为的监管、对内幕交易的监管、对证券商的监管、对信息披露的监管、对交易资金的监管。其中,操纵市场主要包含、连续交易操纵、约定交易操纵、自买自卖操纵、蛊惑交易操纵、抢先交易操纵、虚假申报操纵、特定价格操纵、特定时段交易操纵等。

【例题4·单项选择题】我国《证券法》规定,通过不正当手段获得内幕信息,在该信息公开前买卖证券,属于( )行为。

  A. 操纵市场   B. 内幕交易
  C. 欺诈客户   D. 虚假陈述

【答案】B

【解析】内幕交易又称知内情者交易,是指公司董事、监事、经理、职员、主要股东、证券市场内部人员或市场管理人员,以获取利益或减少经济损失为目的,利用地位、职务等便利,获取发行人未公开的、可以影响证券价格的重要信息,进行有价证券交易,或泄露该信息的行为。而操纵市场是指某一组织或个人以获取利益或者减少损失为目的,利用其资金、信息等优势,或者滥用职权,影响证券市场价格,制造证券市场假象,扰乱证券市场秩序的行为。题中所述情形明显也不属于欺诈客户和虚假陈述行为,故 B 选项正确。

【例题5·单项选择题】证券市场监管的主要手段是( )。

  A. 经济手段   B. 法律手段
  C. 行政手段   D. 自律方式

【答案】B

【解析】法律手段、经济手段和行政手段是证券市场监管的常见手段,其中法律手段是主要手段,是通过建立完善的证券法律、法规体系和严格执法来实现的,具有较强的威慑力和约束力,故 B 选项正确。

【例题6·多项选择题】证券市场监管的重点内容有( )。

  A. 信息披露   B. 操纵市场
  C. 欺诈行为   D. 内幕交易

【答案】ABCD

【解析】证券市场监管的重点内容主要包括四类:①对证券发行上市的监管,包括证券发行核准制、证券发行与上市的信息公开制度、证券发行上市保荐制度;②对交易市场的监管,包括证券交易所的信息公开制度、对操纵市场行为的监管、对欺诈客户行为的监管、对内部交易行为的监管;③对上市公司的监管,信息披露的监管是对上市公司日常监管的主要内容;④对证券经营机构的监管,包括对证券经营机构准入监管、对从业人员的监管、对证券公司业务的核准、对证券公司的日常监管。故 ABCD 正确。

【例题7·判断题】核准制是指发行人申请发行证券,只需要公开披露与发行证券有关的信息,不要求发行人将发行申请报请证券监管部门决定的审核制度。

                           ( )

【答案】×

【解析】核准制是指发行人申请发行证券,不仅要公开披露与发行证券有关的信息,符合《公司法》和《证券法》所规定的条件,而且要求发行人将发行申请报请证券监管部门决定的审核制度,故本题错误。

三、证券市场监管的模式

证券市场监管模式主要包括集中型监管模式、自律型监管模式、中间型监管模式等。

集中型监管模式是由政府下属部门，或由直接隶属于立法机关的国家证券监管机构对证券市场进行集中统一监管，而各种自律性组织，如证券交易所、证券行业协会的自律管理起协助作用。集中型监管模式可以防止重复监管和监管真空，能公平、公正、高效、严格地发挥其监管作用，并能协调全国各证券市场，防止出现过度投机的混乱局面；可以使监管机构统一实施证券法律，使证券市场行为有合理的预期，提升了证券市场监管的权威性；该监管模式使监管者地位独立，更注重保护投资者的利益。但集中型监管模式中证券法规的制定者和监管者远离市场，缺乏市场一线监管实践经验，从而使市场监管可能脱离实际，缺乏效率；同时，集中监管模式下中央监管机关对市场发生的意外行为反应较慢，可能处理不及时。

自律型监管模式通常没有制定直接的证券市场管理法规，而是通过一些间接的法规来制约证券市场的活动，同时没有设立全国性的证券管理机构，而是依靠证券市场的参与者，如证券交易所、证券商协会等进行自我监管。自律型监管模式能够充分发挥市场的创新和竞争意识，有利于活跃市场，该监管模式具有更大的灵活性，效率较高，对市场发生的违规行为能作出迅速而有效的反应。但是，自律型监管模式也存在诸多缺点，如对投资者利益往往没有提供充分的保障，监管手段较软弱，难以实现全国证券市场的协调发展，容易造成混乱。

中间型监管模式是集中型监管模式和自律型监管模式的融合。中间型管理模式又可称为分级管理模式，包括二级监管和三级监管两种模式。二级监管是中央政府和自律型机构相结合的监管；三级监管是指中央、地方政府和自律机构相结合的监管。这种监管模式取长补短，能够发挥各自的优势，从而使得证券监管更加有效，现在大多数国家都实行这种管理模式。

【例题8·多项选择题】关于中国证监会的职责，下列表述正确的有（　　）。

A. 依法制定从事证券业务人员的资格标准和行为准则，并监督实施

B. 依法对证券的发行、上市、交易、登记、存管、结算进行监督管理，必要时担任其中发行和托管的工作

C. 依法对证券业协会的活动进行指导和监督

D. 依法对违反证券市场监督管理法律、行政法规的行为进行查处

【答案】ACD

【解析】根据《证券法》第一百七十八条、第一百七十九条的规定，中国证监会属于国务院证券监督管理机关，依法对我国的证券市场进行监督管理，不能够担任证券的发行和托管工作，B选项错误，本题选ACD。

【例题9·单项选择题】国务院证券监督管理机构由（　　）组成。

A. 中国证券监督管理委员会和中国银行监督管理委员会及其派出机构
B. 中国银行监督管理委员会及其派出机构
C. 中国证券监督管理委员会及其派出机构
D. 中国证券监督管理委员会和证券交易所

【答案】C

【解析】我国证券市场监管机构是国务院证券监督管理机构。国务院证券监督管理机构依法对证券市场实行监督管理,维护证券市场秩序,保障其合法运行。国务院证券监督管理机构由中国证券监督管理委员会及其派出机构组成,C选项正确。

思考与练习

一、单项选择题

1. 现阶段指导我国证券市场健康发展的八字方针是（   ）。
   A. 公开、公平、公正、守信　　B. 法制、监管、自律、规范
   C. 公开、公平、公正、诚信　　D. 法律、监管、规范、发展

2. 负责证券投资者保护基金筹集、管理和使用的是（   ）。
   A. 社保基金理事会
   B. 证券投资基金
   C. 中国证券投资者保护基金有限责任公司
   D. 中国证券登记结算机构

3. 根据《证券法》规定,上市公司提交中期报告的时间是每一会计年度的上半年结束之日起（   ）个月内。
   A. 2　　　　　　　　　　　　B. 3
   C. 4　　　　　　　　　　　　D. 5

4. 证券交易所的从业人员诱骗投资者买卖证券的,取消从业资格,并处以（   ）罚款。
   A. 1万元以上3万元以下　　　　B. 1万元以上5万元以下
   C. 3万元以上10万元以下　　　 D. 3万元以上20万元以下

5. 编造且影响证券交易的虚假信息,扰乱证券交易市场的,处以（   ）万元的罚款,构成犯罪的,依法追究刑事责任。
   A. 3～30　　　　　　　　　　B. 3～20
   C. 3～10　　　　　　　　　　D. 1～10

6. 按照我国现行法律规定,发行人将证券卖给投资者,未向其提供招股说明书,属于（   ）。
   A. 内幕交易行为　　　　　　　B. 操纵市场行为

C. 欺诈客户行为 D. 虚假陈述行为

7. 信息披露制度是（　　）的具体要求和反映。
A. 公开原则 B. 公平原则
C. 公正原则 D. 依法监管原则

8. 下列各项中，不属于对上市公司进行监管的类型的是（　　）。
A. 信息披露的监管 B. 公司治理监管
C. 并购重组的监管 D. 内幕交易行为的监管

9. 预先披露的招股说明书申报稿不能含（　　）的内容。
A. 价格信息 B. 发行人基本情况
C. 经营情况 D. 公司治理结构

10. 上海、深圳证券交易应当将交易经手费的（　　）纳入风险基金。
A. 5% B. 10%
C. 15% D. 20%

11. 不从事证券经纪业务的证券公司，应在每季后（　　）个工作日内按该季营业收入和事先核定的比例预缴。
A. 3 B. 5
C. 10 D. 15

12. 证券交易所发现证券账户有重大异常交易情况的，有权采取（　　）措施，并报国务院证券监督管理机构备案。
A. 予以警告 B. 限制交易
C. 暂停交易 D. 终止交易

二、多项选择题

1. 证券市场监管的经济手段是指通过运用（　　）等经济手段对证券市场进行干预。
A. 罚款 B. 利率政策
C. 税收政策 D. 公开市场业务

2. 我国《证券法》规定，下列属于证券交易内幕信息的知情人的有（　　）。
A. 发行人控股的公司及其董事、监事、高级管理人员
B. 发行人的董事、监事、高级管理人员
C. 非法获得内幕信息的人
D. 持有公司百分之五以上股份的股东

3. 我国《证券法》规定，欺诈客户行为是指以获取非法利益为目的，违反证券管理法规，在证券（　　）活动中虚假陈述等行为。
A. 发行 B. 自营
C. 交易 D. 登记

4. 证券投资者保护基金的资金运用限于（　　）等形式。
   A. 购买中央银行债券　　　　　B. 购买国债
   C. 银行存款　　　　　　　　　D. 购买股票
5. 国际证监会公布的证券市场监管目标有（　　）。
   A. 保护投资者　　　　　　　　B. 稳定市场价格
   C. 透明和信息公开　　　　　　D. 降低系统风险
6. 中国证监会在履行自己职责时，有权（　　）。
   A. 查询当事人和与被调查事件有关的单位的资金账户
   B. 查询当事人和与被调查事件有关的个人的银行账户
   C. 对有证据证明隐匿违法资金、证券等涉案财产的，可以直接冻结或者查封该财产
   D. 对有证据证明隐匿可能转移违法资金、证券等涉案财产的，直接冻结该财产
7. 上市公司信息披露应当遵循的原则包括（　　）。
   A. 真实原则　　　　　　　　　B. 准确原则
   C. 局部原则　　　　　　　　　D. 及时原则
8. 出现下列（　　）事项的，创业板上市公司应及时进行信息披露。
   A. 公司及相关信息披露义务人发生可能对上市公司股票及其衍生品种交易价格产生较大影响的重大事件，有关信息难以保密或者已经泄漏的
   B. 董事会、监事会及股东大会作出决议
   C. 签署意向书或者协议
   D. 公司知悉或者理应知悉重大事件发生时
9. 下列关于上市公司信息披露的监督管理与法律责任的表述，错误的有（　　）。
   A. 中国证监会可以要求上市公司及其他信息披露义务人或者其董事、监事、高级管理人员对有关信息披露问题作出解释、说明或者提供相关资料
   B. 上市公司董事、监事、高级管理人员应当对公司信息披露的真实性、准确性、完整性、及时性、公平性负责
   C. 上市公司董事长、经理、财务负责人应当对公司临时报告信息披露的真实性、准确性、完整性、及时性、公平性承担主要责任
   D. 对于违反法律规定的信息披露义务人，中国证监会可以按照《证券法》追究其刑事责任
10. 证券投资者保护基金的来源有（　　）。
   A. 上海、深圳证券交易所在风险基金分别达到规定的上限后，交易经手费的10%纳入基金
   B. 发行股票、可转债等证券时，申购冻结资金的利息收入
   C. 所有在中国境内注册的证券公司，按其营业收入的0.5%~5%缴纳基金，经

营管理和运作水平较差、风险较高的证券公司,应当按较高比例缴纳基金

D. 依法向有关责任方追偿所得和从证券公司破产清算中受偿收入

三、判断题

1. "三公"原则中的公平原则要求证券市场不存在歧视,参与市场的主体具有完全平等的权利。( )

2. 与他人串通,以事先约定的时间、价格和方式相互进行证券交易,影响证券交易或者证券交易量,属于操纵市场的行为。( )

3. 我国《证券法》规定,内幕信息是指证券交易活动中,涉及公司的经营、财务或者对该公司证券的市场价格有重大影响的尚未公开的信息。( )

4. 证券市场内幕交易的行为方式主要表现为:行为主体知悉公司内幕信息,且从事有价证券的交易或其他有偿转让行为,或者泄露内部信息或建议他人买卖证券等。( )

5. 证券市场的监管是指政府证券主管机关对证券交易行为的监督管理。( )

6. 信息披露的主体不仅包括证券发行人、证券交易者,还包括证券监管者。( )

7. 通过制定计划、政策等行政手段对证券市场进行干预,相对比较灵活,但调节过程可能较慢,存在时滞。( )

8. 我国目前对证券发行实行的是申报制。( )

9. 中国证监会的职责包括:依法对证券发行人、上市公司、证券公司、证券投资基金管理公司、证券服务机构、证券交易所、证券登记结算机构的证券业务活动,进行监督管理。( )

10. 企业首次公开发行和上市公司再次公开发行证券都需要保荐人和保荐代表人保荐。( )

11. 证券业协会对证券交易实行实时监控,并按照国务院证券监督管理机构的要求,对异常的交易情况提出报告。( )

12. 证券市场中的操纵市场行为是指某一组织或个人以获取利益或者减少损失为目的,利用其资金、信息等优势,或者滥用职权,制造证券市场假象,诱导或者致使投资者在不了解事实真相的情况下作出证券投资决定,扰乱证券市场秩序的行为。
( )

13. 证券监管机构对证券公司的日常监管,分为现场监管和非现场监管两种方式。( )

14. 证券公司应当缴纳的基金,按照证券公司佣金收入的一定比例预先提取,并由中国证券登记结算有限责任公司代扣代收。( )

15. 保护基金公司是负责保护基金筹集、管理和使用,不以营利为目的的股份有限公司。( )

四、名词解释

1. 证券市场监管
2. 信息持续披露制度
3. 内幕交易
4. 政府集中监管模式

五、简答题

1. 证券市场监管的原则是什么？监管模式有哪几种？
2. 简述证券信息披露制度的意义？
3. 证券投资基金监管目标与原则？
4. 我国证券投资基金监管的主要内容？

第二部分
思考与练习参考答案

第二部分

思考与表达实例

第一章　导论

一、单项选择题

1	2	3	4	5	6
B	D	B	D	D	A

【解释】

第 1 题：金融资产是一种虚拟资产，属于信用活动范畴。因此选择 B。

第 2 题：直接投融资主要是指通过资本市场的资金融通。而在资本市场上，证券经营机构是重要的中介服务机构，包括证券的发行、交易等。所以只有 D 说法正确。因此选择 D。

二、多项选择题

1	2	3	4	5	6	7
ABC	ABCD	ABC	ABCD	ABCD	ABCD	ABD

【解释】

第 1 题：证券的价格受到一系列因素的影响，如证券的需求、证券的供给、利率、政策等，故 D 选项错误。因此选择 ABC。

第 4 题：证券投资基金是一种组合，具备集合理财、专业管理、组合投资、分散风险、利益共享、风险共担、严格监管、信息透明等特征。因此选择 ABCD。

第 6 题：证券经纪业务属于二级市场委托买卖业务，经纪商与客户之间是委托代理关系，其收入来自佣金，同时，经纪商承担的风险较小。因此选择 ABCD。

三、判断题

1	2	3	4	5	6	7	8
×	√	√	×	×	√	√	×

【解释】

第 1 题：错误。风险的大小与投资长短成正比。

第 3 题：正确。证券投资主体指进入证券市场进行证券买卖的各类投资者。

第 5 题：错误。股票仅仅是有价证券的一种。

第 7 题：正确。专业经纪商具有双重身份，既可以接受委托，又可以自行进行交易。

四、名词解释

1. 证券：是各类财产所有权或债权凭证的统称，是用来证明持有人取得相应权益的凭证。

2. 证券投资：投资者通过购买、持有或转让证券以期获得利息、股息、资本利得等收益的行为。

3. 证券市场：证券投资的场所，也是证券发行和买卖的场所，可分为证券发行市场和证券交易市场。

4. 机构投资者：机构投资者从广义上是指用自有资金或者从分散的公众手中筹集的资金专门进行有价证券投资活动的法人机构。

5. 有价证券：指标有票面金额，证明持券人有权按期取得一定收入并可自由转让和买卖的所有权或债权凭证。

五、简答题

1. 答：证券投资是以有价证券的存在和流通为前提条件的，是一种金融投资，它和实物投资之间既有密切联系，又存在一定的区别。实物投资是对现实的物质资产的投资，它的投入会形成社会资本存量和生产能力的增加，并可直接增加社会物质财富或提供社会所需要的服务，它被称为直接投资。证券投资所形成的资金运动是建立在金融资产基础上的，投资于证券的资金通过金融资产的发行转移到企业部门，它被称为间接投资。证券投资和实物投资并不是竞争的，而是互补的关系。在无法满足实物投资巨额资本的需求时，往往要借助于证券投资。尽管证券投资在发达商品经济条件下占有重要的地位，但实物资产是金融资产存在和发展的基础，金融资产的收益也最终来源于实物资产在社会再生产过程中的创造。

2. 答：区别：（1）投资收益和风险不同。投资者的投资收益相对较低，但比较稳定，承担的风险相对较小；投机者的收益相对较高，但不稳定，承担的分险较大。

（2）持有的时间不同。投资者倾向于中长期持有证券，中途不会轻易卖出；投机者倾向于持有短期证券，注重短线操作。

（3）投资理念不同。证券投资的理念是"价值决定价格的理论"，投资者重视正确的内在价值，追求的是证券的实际价值目的是资本的长期增值。证券投机的理念是"供求关系决定市场价格的理论"，投机者重视证券的市场价格，追求的是证券价格的买卖差价，目的是资本的短期增值。

(4) 分析方法不同。投资者买卖证券时注重基本面分析方法，投机者侧重于技术分析方法。

联系：无论是证券投资还是投机，都是买卖证券的一种有风险的经济行为，证券投资与投机形式上是统一的、难以区分的，并且在一定条件下二者可以相互转化。证券投机是高风险的证券投资，证券投资是稳健的证券投机。证券投机是证券投资的一种手段和方法。如果没有证券投机、证券市场只能是一潭死水，无法发挥其应有的功能；但如果只有证券投机而没有证券投资，必将影响证券市场的正常运行和健康发展。

3. 答：证券市场的功能有：
(1) 资金融通；(2) 资本配置；(3) 转换机制；(4) 宏观调控；(5) 分散风险。

4. 答：证券投资的构成要素有：
(1) 投资场所：主要是金融市场，包括货币市场、资本市场、金融衍生工具市场、外汇市场等。
(2) 投资者：证券投资的主体，包括个人投资者和机构投资者两大类。具体来说，投资者包括自然人、企事业单位、证券经营机构、银行、保险公司、各类基金、政府等。
(3) 投资对象：主要是金融资产或金融工具，即有价证券。具体包括股票、债券、基金等基础金融工具；期货、期权、互换、远期、权证、可转债等衍生金融工具等。

5. 答：证券投资分析的必要性：
(1) 证券投资分析是降低风险、获得收益的前提；
(2) 证券投资分析是进行投资决策的重要依据；
(3) 证券投资分析是投资成功与否的关键；
(4) 证券投资分析是减少投资失误的保障。

第二章　证券投资工具——基础金融工具

一、单项选择题

1	2	3	4	5	6	7	8	9	10	11	12	13	14	15
A	C	D	C	A	A	D	A	C	D	C	B	C	C	C

【解释】

第2题：证券投资基金是一种金融间接投资工具、集合投资工具，通过发行基金份额筹集到的资金主要投资于股票、债券、货币市场工具等有价证券、金融资产，而并非投资于实业领域或珠宝玉石。AB错误，D不全面，只有C最准确，所以选C。

第5题：普通股股东具有优先认股权，配股时股东认购新股的份额，按照股东的持股比例认购，并非没有限制。也不是按照股东的个人经济实力及股份公司来确定，因此只有A说法正确，所以选A。

第12题：当期收益了是本期债券利息与市场价格之比，而不是与债券票面价值之比。因此不能选C，C是名义收益率，只有B正确，因此选B。

二、多项选择题

1	2	3	4	5	6	7	8	9	10
AB	ABCD	AC	BCD	ABCD	ABCD	AC	ABCD	ABCD	ABC

【解释】

第3题：债券与股票一样是一种有价证券，也是一种虚拟资本，但是与股票不同的是，债券是债权的体现，是一种债权债务凭证，因此只有AC正确，所以选AC。

第7题：基金托管费是基金投资中重要的费用，基金托管费的计提，通常是按基金资产净值的一定比例提取，并且逐日计算，按月支付给托管人。因此AC正确，所以选AC。

第10题：普通股股东拥有表决权是其重要的权利，这种对公司重大决策的参与权是平等的；股东每持有一份股份，就有一票表决权，即一股一权；对于各个股东来说，其表决权的数量视其购买的股票份数而定；通常情况下，股东自己出席股东大会，若无法自己出席，可以委托他人参加股东大会，代为行使表决权。因此ABC说法正确，而D错误。所以选ABC。

三、判断题

1	2	3	4	5	6	7	8
√	√	×	√	×	√	×	×

四、问答题

1. 答：股票、债券、基金的区别主要表现在：

（1）投资者地位不同。股票持有人是公司的股东，有权对公司的重大决策发表自己的意见；债券的持有人是债券发行人的债权人，享有到期收回本息的权利；基金单位的持有人是基金的受益人，体现的是信托关系。

（2）风险程度不同。一般情况下，股票的风险大于基金。对中小投资者而言，由于受可支配资产总量的限制，只能直接投资于少数几只股票。这就犯了"把所有鸡蛋放在一个篮子里"的投资禁忌，当其所投资的股票因股市下跌或企业财务状况恶化时，资本金有可能化为乌有。而基金的基本原则是组合投资，分散风险，把资金按不同的比例分别投于不同期限、不同种类的有价证券，把风险降至最低程度。债券在一般情况下，本金得到保证，收益相对固定，风险比基金要小。

（3）收益情况不同。基金和股票的收益是不确定的，而债券的收益是确定的。一般情况下，基金收益比债券高。以美国投资基金为例，国际投资者基金等 25 种基金 1976～1981 年 5 年间的收益增长率平均为 301.6%。其中最高的 20 世纪增长投资者基金为 465%，最低的普利特伦德基金为 243%。而 1996 年国内发行的 2 种 5 年期政府债券，利率分别只有 13.06% 和 8.8%。

（4）投资方式不同。与股票、债券的投资者不同，证券投资基金是一种间接的证券投资方式，基金的投资者不再直接参与有价证券的买卖活动，不再直接承担投资风险，而是由专家具体负责投资方向的确定、投资对象的选择。

（5）价格取向不同。在宏观政治、经济环境一致的情况下，基金的价格主要决定于资产净值；而影响债券价格的主要因素是利率；股票的价格则受供求关系的影响巨大。

（6）投资回收方式不同。债券投资是有一定期限的，期满后收回本金。股票投资是无限期的，除非公司破产、进入清算，投资者不得从公司收回投资；如要收回只能在证券交易市场上按市场价格变现。投资基金则要视所持有的基金形态不同而有区别：封闭型基金有一定的期限，期满后，投资者可按持有的份额分得相应的剩余资产，在封闭期内还可以在交易市场上变现；开放型基金一般没有期限，但投资者可随时向基金管理人要求赎回。

2. 答：（1）基金规模的可变性不同。开放式基金发行的基金单位是可赎回的，而且投资者可随时申购基金单位，所以基金的规模不固定；封闭式基金规模是固定不变的。

（2）基金单位的交易价格不同。开放式基金的基金单位的买卖价格是以基金单位对应的资产净值为基础，不会出现折价现象。封闭式基金单位的价格更多地会受到市场供求关系的影响，价格波动较大。

（3）基金单位的买卖途径不同。开放式基金的投资者可随时直接向基金管理公司购买或赎回基金，手续费较低。封闭式基金的买卖类似于股票交易，可在证券市场买卖，需要缴手续费和证券交易税。一般而言，费用高于开放式基金。

（4）投资策略不同。开放式基金必须保留一部分基金，以便应付投资者随时赎回，进行长期投资会受到一定限制。而封闭式基金不可赎回，无须提取准备金，能够充分运用资金，进行长期投资，取得长期经营绩效。

（5）所要求的市场条件不同。开放式基金的灵活性较大，资金规模伸缩比较容易，所以适用于开放程度较高、规模较大的金融市场；而封闭式基金正好相反，适用于金融制度尚不完善、开放程度较低且规模较小的金融市场。

3. 答：（1）普通股特点：股息不固定，试公司经营情况而定；分配利润及剩余财产在优先股股东之后；可以认购新股；股票可以公开转让。

（2）普通股股东的权利：①参与公司经营的表决权。普通股股东一般有出席股东大会的权利，有表决权和选举权、被选举权，可以间接地参与公司的经营。②参与股息红利的分配权。普通股的股利收益没有上下限，视公司经营状况好坏、利润大小而定，公司税后利润在按一定的比例提取了公积金并支付优先股股息后，再按股份比例分配给普通股股东。但如果公司亏损，则得不到股息。③优先认购新股的权利。当公司资产增值，增发新股时，普通股股东有按其原有持股比例认购新股的优先权。④请求召开临时股东大会的权利。⑤公司破产后依法分配剩余财产的权利。不过这种权利要等债权人和优先股股东权利满足后才是普通股股东。

4. 答：（1）证券投资基金是指通过公开发售基金份额募集资金，由基金托管人托管，由基金管理人管理和运作资金，为基金份额持有人的利益，以资产组合方式进行证券投资的一种利益共享、风险共担的集合投资方式。

（2）特点：专业理财，集合投资；组合投资，分散风险；利益共享、风险共担；投资门槛低，流动性强。

五、计算题

1. 解：债券的名义收益率：$8/100 = 8\%$

　　债券的当期收益率：$8/80 = 10\%$

2. 解：根据债券到期收益率计算公式得：

$$r = \frac{C + \frac{F - P_0}{n}}{P_0} = \frac{1000 \times 10\% + \frac{1000 - 900}{3}}{900} = \frac{100 + 33.33}{900} = 14.81\%$$

3. 解：

（1）基金认购费 $= 500000 \times 0.8\% = 4000$（元）

　　基金认购份额 $=（500000 - 4000）/1 = 496000$（份）

（2）三笔申购费和申购的基金份额计算如下：

项目	申购1	申购2	申购3
申购金额（A）（元）	500000	1200000	6000000
适用费率（B）	1.8%	1.5%	1.2%
申购费用（C = A×B）（元）	9000	18000	72000
净申购金额（D = A - C）（元）	491000	1182000	5928000
申购份额（D/0.965）（份）	508808	1224870	6143005

（3）赎回费 $= 500000 \times 0.5\% = 2500$（元）

　　赎回现金 $= 500000 - 2500 = 497500$（元）

第三章 证券投资工具——衍生金融工具

一、单项选择题

1	2	3	4	5	6	7	8	9	10	11	12	13	14	15
A	D	A	C	B	B	B	D	A	D	D	A	A	D	B

【解释】

第1题：衍生金融工具产生的最基本原因是避险，而并非是为了利润。金融自由化和新技术革命是推动衍生金融工具产生的原因，但并非是根本原因。因此 A 是最佳选择。

第8题：本题考查的是看跌期权的含义。投资者之所以做看跌期权，是因为预期该看跌期权的标的资产的市场价格将下跌，因此买入看跌期权，若市场价如预测真的下跌，即行权价高于市场价，则投资者可以卖出标的资产从中获利。因此。又称卖出期权。因此 D 是正确的。

第12题：套期保值功能是金融期货、金融期权、金融远期这些衍生金融工具的基本功能，就是通过在现货市场与期货市场建立相反的头寸，从而锁定未来现金流、规避风险的交易行为。因此 A 是正确选项。

第14题：金融期货交易的交割方式有实物交割、现金交割、对冲等方式。但是仅有极少数合约到期进行实物交割，绝大多数的金融期货交易是通过做相反交易实现对冲而平仓的。因此，D 项正确。

二、多项选择题

1	2	3	4	5
CD	ABCD	ABD	ABCD	BCD

【解释】

第5题：金融期货交易制度主要有：限仓制度、大户报告制度、双向制度、T+0制度等。限仓制度、大户报告制度的规定，一定程度上都可以降低市场风险，防止人为操纵。因此 A 项错误，BC 正确。而双向交易制度是指期货可以做多也可以做空，从而有更多的获利机会。因此 D 也正确，所以选 BCD。

三、判断题

1	2	3	4	5	6	7	8	9	10
√	×	×	×	×	×	√	×	√	×

四、问答题

1. 答：金融期货交易与金融现货交易相比，有以下特征：

（1）交易对象不同。现货交易的对象是某一具体形态的金融工具，通常它是代表着一定所有权或债权关系的股票、债券或其他金融工具。而金融期货交易的对象是金融期货合约。

（2）交易目的不同。金融工具现货交易的首要目的是筹资或投资，即为生产和经营筹集必要的资金，或为暂时闲置的货币资金寻找生息获利的投资机会。金融期货交易与金融现货交易不同，它不能创造价值，不是投资工具，是一种风险管理工具。

（3）交易价格的含义不同。金融现货交易的交易价格是在交易过程中通过公开竞价或协商议价形成的，这一价格是实时的成交价，代表在某一时点上供求双方均能接受的市场均衡价格。金融期货的交易价格也是在交易过程中形成的，但这一交易价格是对金融现货未来价格的预期，这相当于在交易的同时发现了金融现货基础工具（或金融变量）的未来价格。

（4）交易方式不同。金融现货交易一般要求在成交后的几个交易日内完成资金与金融工具的全额结算，而金融期货交易则实行保证金交易或逐日盯市制度，交易者并不需要在成交时拥有或借入全部资金或基础金融工具。

（5）结算方式不同。金融现货交易通常以基础金融工具与货币的"一手交钱一手交货"而结束交易活动。而在金融期货交易中，仅有极少数的合约到期进行实物交割，绝大多数的期货合约是通过做相反交易实现对冲平仓的，还有部分金融期货如股指期货通过现金交割方式。

2. 答：金融期货交易的制度主要有：

（1）保证金制度。为了控制期货交易的风险和提高交易效率，期货交易所的会员经纪公司必须向交易所或结算所缴纳结算保证金，而期货交易双方在成交后都要通过经纪人向交易所或结算所缴纳一定数量的保证金。保证金比例较低（一般为期货合约价值的5%~20%），因此期货交易具有高度的杠杆作用。

（2）逐日盯市制度。逐日盯市制度又称为每日无负债结算制度，即期货交易是每天进行结算的，而不是到期一次性进行的，这是期货交易与其他衍生工具交易方式最大的不同。

（3）T+0交易制度。通俗地说，就是当天买入的股票在当天就可以卖出。期货交易实行T+0交易制度，是指当天买入的期货合约当天就可以卖出。

（4）双向交易制度。期货交易最大的特点是可以双向交易，即既可以买入开仓，又可以在没有持仓的情况下卖出期货合约开仓，既可以做多也可以做空。

（5）持仓限额制度。持仓限额是指交易所规定的会员或客户对某一合约单边持仓的最大数量。这是交易所为了防止市场风险过度集中和防范操纵市场的行为，而对交易者持仓数量加以限制的制度。

（6）大户报告制度。大户报告制度是交易所建立限仓制度后，当会员或客户的持仓量达到交易所规定的数量时，必须向交易所申报有关开户、交易、资金来源、交易动机等情况，以便交易所审查大户是否有过度投机和操纵市场行为，并判断大户交易风险状况的风险控制制度。

（7）强行平仓制度。强行平仓制度是与持仓限额制度和涨跌停板制度等相互配合的风险管理制度。当交易所会员或客户的交易保证金不足并未在规定时间内补足，或当会员或客户的持仓量超出规定的限额，或当会员或客户违规时，交易所为了防止风险进一步扩大，将对其持有的未平仓合约进行强制性平仓处理，这就是强行平仓制度。

（8）集中交易制度。金融期货在期货交易所或证券交易所进行集中交易。期货交易所是专门进行期货合约买卖的场所，是期货市场的核心，承担着组织、监督期货交易的重要职能。

3. 答：金融期货交易与金融期权交易主要以下区别：
（1）标的物不同；
（2）投资者权利与义务的对称性不同；
（3）履约保证不同；
（4）现金流转不同；
（5）盈亏的特点不同；
（6）套期保值的作用与效果不同。

五、计算题

1. 解：该投资人的净损益情况有以下四种可能：
（1）股票市价小于或等于100元时，看涨期权买方不会行权，没有净收入，但会损失期权费，因此净损益为 -5 元。

（2）股票市价大于100元并小于105元时，例如股票市价为103元，投资人会执行期权。以100元的价格购买 ABC 公司的1股股票，在市场上将其出售得到103元，净收入为3元（103-100），扣除期权费，买方净损益为 -2 元。

（3）股票市价等于105元时，投资人会执行期权，取得净收入5元（105-100），扣除期权费5元，多头看涨期权的净损益为0元。

（4）股票市价大于105元时，假设为110元，投资人执行期权，取得净收入10元（110-100），扣除期权费5元，多头看涨期权的净损益为5元。

2. 解：

（1）到期日股价为 80 元时，投资人可以执行期权，以 80 元的价格购入股票，同时以 100 元的执行价格售出，获得 20 元收益。扣除 5 元的期权费，每份期权可以净赚 15 元。

（2）到期日股价为 105 元时，投资人可以放弃行权，则他最大的损失为期权费，每份损失 5 元。

第四章　证券发行市场

一、单项选择题

1	2	3	4	5	6	7	8	9	10	11	12	13	14	15
B	A	D	B	A	D	C	D	A	D	D	C	D	C	C

【解释】

第 6 题：我国《证券发行与承销管理办法》和《上市公司证券发行管理办法》规定，上市公司非公开发行股票未采用自行销售方式或者上市公司向原股东配售股份的，应当采用代销方式发行。上市公司非公开发行股票，发行对象均属于原前 10 名股东的，可以由上市公司自行销售。因此选择 D。

第 9 题：证券发行注册制实行公开管理原则，实质上是一种发行公司的财务公开制度。它要求发行人提供关于证券发行本身以及和证券发行有关的一切信息。因此选择 A。

第 10 题：证券的发行制度包括注册制和核准制。其中，证券发行注册制实行公开管理原则，要求发行人提供关于证券发行本身以及同证券发行本身有关的一切信息，实质上是一种发行公司的财务公布制度。因此选择 D。

二、多项选择题

1	2	3	4	5	6	7	8
ACD	ABC	ABC	AD	ABD	ABCD	ABCD	ABD
9	10	11	12	13	14	15	
ABC	ACD	AB	ABD	ABD	AC	ABCD	

【解释】

第 5 题：根据财政部《关于印发 2011 年记账式国债招标发行规则的通知》，目前我国记账式国债的招标方式包括"美国式"招标、"荷兰式"招标、和"混合式"招标。因此选择 ABD。

第 10 题：询价对象是指符合中国证监会规定条件的证券投资基金管理公司、证券公司、信托投资公司、财务公司、保险机构投资者和合格境外机构投资者（QFII）以及其他经中国证监会认可的机构投资者。因此选择 ACD。

第 11 题：询价分为初步询价和累计投标询价两个阶段。通过初步询价确定发行价格区间和相应的市盈率区间。因此选择 AB。

第 15 题：股票发行的定价方式，可以采取协商定价方式，也可以采取询价方式、上网竞价方式等。其中，询价方式包括一般询价方式和累计投标询价方式。我国《证券发行与承销管理办法》规定，首次公开发行股票以询价方式确定股票发行价格。因此选择 ABCD。

三、判断题

1	2	3	4	5	6	7	8	9	10
×	√	√	×	×	×	√	√	×	×
11	12	13	14	15	16	17	18	19	20
×	×	×	×	√	√	×	√	√	×

【解释】

第 6 题：上市公司向原股东配售股份时，除一般规定的条件以外，还有以下条件：①拟配售股份数量不超过本次配售股份前股本总额的 30%；②控股股东应当在股东大会召开前公开承诺认配股份的数量；③采用《证券法》规定的代销方式发行。因此本题错误。

第 8 题：根据我国《公司法》和《证券法》的规定，股票发行价格可以等于票面金额，也可以超过票面金额，但不得低于票面金额。因此本题正确。

第 9 题：根据中标规则不同，可分为荷兰式招标（单一价格中标）和美式招标（多种价格中标）。因此本题错误。

第 10 题：公募发行，又称公开发行，是发行人向不特定的社会公众投资者发售证券的发行。在公募发行方式下，任何合法的投资者都可以认购拟发行的证券。因此本题错误。

第 11 题：证券发行制度主要有两种：一是以美国为代表的注册制，二是以欧洲各国为代表的核准制。因此本题错误。

第 13 题：实行证券发行注册制可以向投资者提供证券发行的有关资料，但并不保证发行的证券资质优良，价格适当。因此本题错误。

第 14 题：发行人推销证券的方法有两种：一是自己销售，称为自销；二是委托他人代为销售，称为承销。一般情况下，公开发行以承销为主。因此本题错误。

第 16 题：《首次公开发行股票并在创业板上市管理办法》要求，首次公开发行股票并在创业板上市的发行人，应具备一定的资产规模，即最近 1 期末净资产不少于 2000 万元，发行后股本不少于 3000 万元。因此本题正确。

第 20 题：根据《证券发行与承销管理办法》的规定，股票配售对象只能选择网下或者网上一种方式进行新股申购，所有参与该只股票网下报价、申购、配售的股票配售对象均不再参与网上申购。因此本题错误。

四、名词解释

1. 证券发行是指政府、金融机构、工商企业等以募集资金为目的向投资者出售代表一定权利的有价证券的活动。

2. 证券发行市场是指筹集资金的公司或政府机构将其新发行的股票和债券等证券销售给最初购买者的金融市场。

3. 首次公开发行（IPO）是指股份有限公司首次公开向投资者发行股票，以募集用于企业发展资金的过程。

4. 增资发行是指已成立的股份有限公司因生产经营需要，追加资本而发行的股份。

5. 配股是指上市公司向原股东发行新股、筹集资金的行为。

五、问答题

1. 答：（1）公开原则，也称信息公开制度。公开原则是证券法的核心和精髓所在。证券法的公开原则既包括与证券发行、交易行为有关的各种信息公开，也包括与证券发行、交易有关的规则公开；既包括证券发行人及其有关的信息公开，也包括市场其他参与者的信息公开。就主体而言，所有证券市场的参与者，包括发行人、中介机构、投资者、监管者都应当遵循公开原则，但主要对象则是上市公司和监管机构。

（2）公平原则。公平原则是指在证券发行和证券交易中双方当事人的法律地位平等、法律待遇平等、法律保护平等，以及所有市场参与者的机会平等。平等的保护不仅是形式的，也是实质上的，对于证券市场的中小投资者而言，实质上的公平，则意味着重点保护。

（3）公正原则。公正原则是指在证券发行和交易中，应制定和遵守公正的规则，证券监管机关和司法机关应公正地适用法律法规，对当事人应公正平等地对待，不偏袒任何一方。

三公原则不仅指导证券发行，而且贯穿于整个证券市场的始终，三者密切联系，相互配合，构成不可分割的有机整体。公开原则是公平公正原则的前提和基础，只有信息公开，才能保证参与者公平地参与竞争，实现公正的结果。

2. 答：(1) 注册制。证券发行注册制实行公开管理原则，实质上是一种发行公司的财务公开制度。它要求发行人提供关于证券发行本身以及和证券发行有关的所有信息。发行人不仅要完全公开有关信息，不得有重大遗漏，并且要对所提供信息的真实性、完整性和可靠性承担法律责任。证券监管机构不对证券发行行为及证券本身作出价值判断，对公开资料的审查只涉及刑事，不涉及任何发行实质条件。发行人只要按规定将有关资料完全公开，监管机构就不得以发行人的财务状况未达到一定标准而拒绝其发行。证券发行相关材料报证券监管机构后，一般会有一个生效等待期，在这段时间内，由证券监管机构对相关文件进行形式审查。注册生效等待期满后，如果证券监管机构未对申报书提出任何异议，证券发行注册生效，发行人即可发行证券。但如果证券监管机构认为报送的文件存在缺陷，会指明文件缺陷，并要求补正或正式拒绝，或阻止发行生效。澳大利亚、巴西、加拿大、德国、法国、意大利、荷兰、菲律宾、新加坡、英国和美国等国家在证券发行上均采取注册制。

(2) 核准制。核准制是指发行人申请发行证券，不仅要求公开披露与发行证券有关的信息，符合公司法和证券法所规定的条件，而且要求发行人将发行申请报请证券监管机构决定的审核制度。证券发行核准制实行实质管理原则，即证券发行人不仅要以真实状况的充分公开为条件，而且必须符合证券监管机构指定的若干适合于发行的实质条件。只有符合条件的发行人经证券监管机构的批准方可在证券市场是发行证券。实行核准制的目的在于证券监管机构能尽法律赋予的职能，使发行的证券符合公众利益和证券市场稳定发展的需要。

3. 答：美国式招标和荷兰式招标，作为两种被广泛运用且最基本、最典型的招标方式，成为招标方式分析的主要类型选择。直接的区别在于中标价格的形成模式。进一步看，对中标的承销商而言，美国式招标形成的是差异的中标价格，也称多重价格招标，即中标人以各自的投标利率为最终中标利率；荷兰式招标则是单一价格招标，即所有中标人均以同一利率作为中标利率。两者的有效投标均以收益率由低到高的累加方式截止于招标发行量。

"荷兰式"招标的特点是"单一价格"，是我国国债公开招标发行采用的主要方式。当标的为利率时，最高中标利率为当期国债的票面利率；标的为利差时，最高中标利差为当期国债的基本利差；标的为价格时，最低中标价格为当期国债的承销价格。

"美国式"招标的特点是"多种价格"。标的为利率时，全场加权平均中标利率为当期国债的票面利率，各中标机构依各自及全场加权平均中标利率折算承销价格；标的为价格时，各中标机构按各自加权平均中标价格承销当期国债。

4. 答：(1) 协商定价。协商定价即经过与专业投资者沟通后，由发行人与主承销商协商确定一个固定的发行价格。

(2) 累计投标询价。累计投标询价是指在发行中根据不同价格下投资者认购意愿确定发行价格的定价方法。通常，主承销商将发行价格确定在一定的区间内，并报中国证监会核准，投资者在此区间内按照不同的发行价格申报认购数量。通过累计计算，主承销商得出不同价格的累计申购量，并根据超额认购倍数确定发行价格。

（3）上网竞价方式。利用证券交易所的交易系统，由主承销商作为新股发行的唯一卖方，以发行人宣布的发行底价为最低价格，以新股发行量为总的卖出数，由投资者在指定的时间内竞价委托申购，发行人和主承销商以价格优先的原则确定股票发行价。

（4）一般询价方式。在对一般投资者上网发行和对机构投资者配售相结合的发行方式下，发行人和主承销商事先确定发行量和发行底价，通过向机构投资者询价，并根据机构投资者的预约申购情况确定最终发行价格，以同一价格向机构投资者配售和一般投资者上网发行。

（5）首次公开发行中向二级市场投资者配售。首次公开发行中向二级市场投资者配售是指在首次公开发行时，将一定比例的新股向二级市场投资者配售，而投资者根据其持有上市流通证券的市值和折算的申购限量，自愿申购新股。由于只是一定比例的股票向二级市场投资者配售，这一发行方式实际上是将向二级市场投资者配售发行和上网公开发行结合起来。

5. 答：绝大多数品种的债券，存在一定程度的信用风险，投资者必须分析信用风险的高低，作为评价及投资决策的依据。由于投资者自行收集信息所花费的成本较高，况且并非每个投资者都具备风险分析的能力，因此需要专业机构提供债券信用的信息。债券评级的目的是把债券的信用程度以评定等级的形式告知与于众，让投资者了解各种债券的信用风险程度，然后由投资者自己选择是否投资该债券。对于债券发行人和证券管理机构，可以有助于债券发行的市场定位，可以成为债券市场管理的参考依据。

第五章　证券交易市场

一、单项选择题

1	2	3	4	5	6	7	8	9	10
A	D	D	D	A	A	D	B	B	B
11	12	13	14	15	16	17	18	19	20
D	A	B	C	B	A	A	B	C	D

【解释】

第 1 题：上海证券交易所于 1990 年 12 月 19 日正式营业；深圳证券交易所于 1991 年 7 月 3 日正式营业。两家证券交易所均按会员制方式组成，是非营利性的事业法人。因此选择 A。

第 2 题：代办股份转让系统由中国证券业协会负责自律性管理，以契约明确参与各方的权利、义务和责任。证券公司以其自有或租用的业务设施，为非上市股份有限公司提供股份转让服务。证券公司依据契约，对挂牌公司的信息披露行为进行监管、指导和督促，中国证券业协会委托证券交易所对股份转让行为进行实时监控，并对异常转让情况提出报告。因此选择 D。

第 4 题：我国《证券法》规定，上市公司有下列情形之一的，由证券交易所决定终止其股票上市交易：①公司股本总额、股权分布等发生变化不再具备上市条件，在证券交易所规定的期限内仍不能达到上市条件；②公司不按照规定公开其财务状况，或者对财务会计报告作虚假记载，且拒绝纠正；③公司最近 3 年连续亏损，在其后 1 个年度内未能恢复盈利；④公司解散或者被宣告破产；⑤证券交易所上市规则规定的其他情形。因此选择 D。

第 5 题：2004 年 5 月，经国务院批准，中国证监会批复同意深圳证券交易所在主板市场内设立中小企业板块，并核准了《深圳证券交易所设立中小企业板块实施方案》。因此选择 A。

第 8 题：证券交易所是证券买卖双方公开交易的场所，是一个高度组织化、集中进行证券交易的市场，是整个证券市场的核心。因此选择 B。

第 9 题：证券发行市场与证券交易市场的关系表现为：前者是后者的基础和前提；后者是前者得以持续扩大的必要条件。C 项是证券发行市场的定义；D 项，证券交易市场是一个有形的市场。因此选择 B。

第 10 题：经国务院同意，中国证监会批准，我国创业板市场于 2009 年 10 月 23 日在深圳证券交易所正式启动。我国创业板市场主要面向成长型创业企业，重点支持自主创新企业，支持市场前景好、带动能力强、就业机会多的成长型创业企业，特别是支持新能源、新材料、电子信息、生物医药、环保节能、现代服务等新兴产业的发展。因此选择 B。

第 12 题：证券交易通常都必须遵循价格优先原则和时间优先原则：①价格优先原则。价格较高的买入申报优先于价格较低的买入申报，价格较低的卖出申报优先于价格较高的卖出申报；②时间优先原则。同价位申报，依照申报时序决定优先顺序，即买卖方向、价格相同的，先申报者优先于后申报者。因此选择 A。

第 13 题：大宗交易是指一笔数额较大的证券交易，通常在机构投资者之间进行。在交易所市场进行的证券单笔买卖达到交易所规定的最低限额，即可采用大宗交易方式。因此选择 B。

第 14 题：有涨跌幅限制证券的大宗交易须在当日涨跌幅价格限制范围内，无涨跌幅限制证券的大宗交易须在前收盘价的正负 30% 或当日竞价时间内已成交的最高和最低成交价格之间，由买卖双方采用议价协商方式确定成交价，并经证券交易所确认后成交。因此选择 C。

第 15 题：场外交易市场具有的功能主要包括：①场外交易市场是证券发行的主要场所；②场外交易市场为公开发行而又不能或一时不能到证券交易所上市交易的股票提供了流通转让的场所；③场外交易市场是证券交易所的必要补充。ACD 三项属于交易所的功能。因此选择 B。

第 18 题：A 项，证券监控是指对证券卖出情况进行监控，若出现违规卖空，则对相应证券商进行处罚；C 项，资金监控是指对证券交易和新股发行的资金进行监控，若证券商未及时补足清算头寸，监控系统可及时发现，作出判断；D 项，交易监控是指对异常交易进行跟踪调查，如果是由违规引起，则对违规者进行处罚。因此选择 B。

第 19 题：场外交易市场的价格决定机制不是公开竞价，而是买卖双方协商议价。具体地说，是证券公司对自己所经营的证券同时挂出买入价和卖出价，并无条件地按买入价买入证券和按卖出价卖出证券，最终的成交价是在挂牌价基础上经双方协商决定的不含佣金的净价。券商可根据市场情况随时调整所挂的牌价。因此选择 C。

第 20 题：相对法是先计算各样本股的个别指数，再加总求出算术平均数；综合法是将样本股票基期价格和计算期价格分别加总，然后再求出股价指数；加权股价指数是以样本股票发行量或成交量为权数加以计算。因此选择 D。

二、多项选择题

1	2	3	4	5	6
ABC	ABCD	ACD	ABD	ABD	ABCD
7	8	9	10	11	12
BC	ABCD	ABCD	BD	AB	AD

【解释】

第 1 题：场外交易市场有以下特征：①场外交易市场是一个分散的无形市场；②场外交易市场的组织方式大多采取做市商制；③场外交易市场是一个拥有众多证券种类和证券经营机构的市场；④场外交易市场是一个以议价方式进行证券交易的市场；⑤场外交易市场的管理比证券交易所宽松。因此选择 ABC。

第 2 题：ABCD 均属于四个独立的内容，具体如下：①运行独立是指中小企业板块的交易由独立于主板市场交易系统的第二交易系统承担；②监察独立是指深圳证券交易所将建立独立的监察系统，实施对中小企业板块的实时监控，该系统将针对中小企业板块的交易特点和风险特征设置独立的监控指标和报警阀值；③代码独立是指将中小企业板块股票作为一个整体,使用与主板市场不同的股票编码;④指数独立是指中小企业板块将在上市股票达到一定数量后,发布该板块独立的指数。因此选择 ABCD。

第 3 题:B 项,参加交易者为具备会员资格的证券经营机构,交易采取经纪制,即一般投资者不能直接进入交易所买卖证券,只能委托会员作为经纪人间接进行交易。因此选择 ACD。

第 5 题:C 项,有限责任公司整体变更为股份有限公司的,持续经营时间应当从成立之日起计算。因此选择 ABD。

第 7 题:特别处理分为警示存在终止上市风险的特别处理(简称"退市风险警示")和其他特别处理。退市风险警示的处理措施包括:在公司股票简称前冠以"*ST"字样,以区别于其他股票;股票价格的日涨跌幅限制为 5%。其他特别处理的处理措施包括:在公司股票简称前冠以"ST"字样,以区别于其他股票;股票价格的日涨跌幅限制为 5%。因此选择 BC。

第 8 题:证券交易所监察系统负责证券交易所对市场进行实时监控的职责。日常监控包括以下 4 个方面:①行情监控;②交易监控;③证券监控;④资金监控。因此选择 ABCD。

第 9 题:为适应市场发展的需要,我国上海、深圳证券交易所的运作系统在原有集中竞价交易系统的基础上有所发展。上海证券交易所的运作系统包括集中竞价交易系统、大宗交易系统、固定收益证券综合电子平台。深圳证券交易所的运作系统包括集中竞价交易系统、综合协议交易平台。因此选择 ABCD。

第 10 题:沪、深证券交易所规定,采用竞价交易方式的,每个交易日的 9:15~9:25 为开盘集合竞价时间;上海证券交易所 9:30~11:30、13:00~15:00 为连续竞价时间;深圳证券交易所 9:30~11:30、13:00~14:57 为连续竞价时间,14:57~15:00 为收盘集合竞价时间,15:00~15:30 为大宗交易时间。因此选择 BD。

第 11 题:C 项,深圳证券交易所 B 股交易为 0.01 港元;D 项,债券质押式回购交易为 0.005 元。因此选择 AB。

第 12 题:集合竞价时,成交价格的确定原则为:可实现最大成交量的价格;高于该价格的买入申报与低于该价格的卖出申报全部成交的价格;与该价格相同的买方或卖方至少有一方全部成交的价格。因此选择 AD。

三、判断题

1	2	3	4	5	6	7	8	9	10
×	√	×	×	×	×	√	×	×	×

【解释】

第 1 题:错误。会员制的证券交易所是一个由会员自愿组成的、不以营利为目的的社会法人团体。公司制的证券交易所是以股份有限公司形式组织并以营利为目的的法人团体。

第2题：正确。"四个独立"是指中小企业板块是主板市场的组成部分，同时实行运行独立、监察独立、代码独立、指数独立。运行独立是指中小企业板块的交易由独立于主板市场交易系统的第二交易系统承担。

第3题：错误。我国《证券法》规定，上市公司有下列情形之一的，由证券交易所决定暂停其股票上市交易：①公司股本总额、股权分布等发生变化不再具备上市条件；②公司不按照规定公开其财务状况，或者对财务会计报告作虚假记载，可能误导投资者；③公司有重大违法行为；④公司最近3年连续亏损；⑤证券交易所上市规则规定的其他情形。

第4题：错误。场外交易市场的价格决定机制是买卖双方协商议价机制。具体地说，证券公司对自己所经营的证券同时挂出买入价和卖出价，并无条件地按买入价买入证券和按卖出价卖出证券，最终的成交价是在挂牌价基础上经双方协商决定的不含佣金的净价。

第5题：错误。我国《证券法》规定，证券交易所是为证券集中交易提供场所和设施，组织和监督证券交易，实行自律管理的法人。会员制的证券交易所不以营利为目的。

第6题：错误。无涨跌幅限制证券的大宗交易须在前收盘价的正负30%或当日竞价时间内已成交的最高和最低成交价格之间，由买卖双方采用议价协商方式确定成交价，并经证券交易所确认后成交。

第8题：错误。上海证券交易所以大宗交易系统为平台，为解除限售存量股份的大额转让和以向合格投资者发行与配售股份的方式转让提供日常服务和专场服务。

第9题：错误。平台交易采用报价交易和询价交易两种方式。报价交易中交易商可以匿名或实名方式申报；询价交易中交易商必须以实名方式申报。

第10题：错误。沪、深证券交易所采用电脑报价方式，接受会员的限价申报和市价申报。

四、名词解释

1. 证券上市是指依据一定条件和程序对某种证券赋予在某个证券交易场所进行交易的资格。证券上市具有提高上市公司的经济地位与社会地位，便于以后新证券的发行和提高证券流动性的作用。

2. 被其他特别处理的股票，其证券简称前冠以ST字样，股票报价的日涨跌幅限制为5%。

3. 债券发行是发行人以借贷资金为目的，依照法律规定的程序向投资人要约发行代表一定债权和兑付条件的债券的法律行为，债券发行是证券发行的重要形式之一。

4. 证券发行市场又称"一级市场"或"初级市场",是发行人以筹集资金为目的,按照一定的法律规定和发行程序,向投资者出售新证券所形成的市场。

5. 证券交易市场又称"二级市场"或"次级市场",是已发行的证券通过买卖交易实现流通转让的市场。

6. 证券交易所是证券买卖双方公开交易的场所,是一个高度组织化、集中进行证券交易的市场,是整个证券市场的核心。

7. 股票价格指数(简称股票指数或股指)则是指数在证券市场中的应用,以反映一定时期内某一证券市场上股票价格的综合变动方向和程度,一般由证券交易所、金融服务机构、咨询研究机构或新闻单位编制和发布。

五、问答题

1. 答:股票上市是指已经发行的股票经证券交易所批准后,在交易所公开挂牌交易的法律行为,股票上市,是连接股票发行和股票交易的"桥梁"。而且不同国家或地区、同一国家的不同层次的市场,上市的要求都是不一样的。如美国的纽约证券交易所和纳斯达克市场,对股份公司的要求都不同。我国的主板市场、中小企业板、创业板、三板市场、四板市场要求都不一样。监管机构重点对拟上市公司的资本总额、资产总额、财务状况等进行审核。

以我国为例,不同市场的上市条件,可参考表 5-1:

表 5-1　　　　　　　我国不同板块市场的股票上市条件(部分)

指标	代办股份转让系统 (三板市场)	主板、中小企业板	创业板(二板市场)	
			标准一	标准二
净利润	无硬性财务指标要求	净利润最近三年为正,且累计超过 3000 万元;最近一期不存在未弥补亏损	最近两年连续盈利,最近两年净利润累计不少于 1000 万元,且持续增长	最近一年盈利,且净利润不少于 500 万元
营业收入或现金流	无硬性财务指标要求,主营业务突出	最近三年营业收入累计超过 3 亿元	—	最近一年营业收入不少于 5000 万元,最近两年营业收入增长率均不低于 30%
股本要求	挂牌前总股本不低于 5000 万股	发行后总股本不低于 5000 万股	发行后总股本不低于 3000 万股	
资产要求	无硬性财务指标要求,具有 2 年持续经营记录	最近一年末无形资产(扣除土地使用权、水面养殖权和采矿权等后)占净资产比例不高于 20%	最近一期末净资产不少于 2000 万元	

2. 答:证券交易市场有场内交易市场和场外交易市场两种形式。

（1）场内交易市场。场内交易市场指由证券交易所组织的集中交易市场，有固定的交易场所和交易活动时间，在多数国家它还是全国唯一的证券交易场所，因此是全国最重要、最集中的证券交易市场。证券交易所接受和办理符合有关法令规定的证券上市买卖，投资者则通过证券商在证券交易所进行证券买卖。

（2）场外交易市场。场外交易市场又称柜台交易或店头交易市场，指在交易所外由证券买卖双方当面议价成交的市场，它没有固定的场所，其交易主要利用电话进行，交易的证券以不在交易所上市的证券为主，在某些情况下也对在证券交易所上市的证券进行场外交易。场外交易市场中的证券商兼具证券自营商和代理商的双重身份。作为自营商，他可以把自己持有的证券卖给顾客或者买进顾客的证券，赚取买卖价差；作为代理商，又可以客户代理人的身份向别的自营商买进卖出证券。近年来，国外一些场外交易市场发生很大变化，它们大量采用先进的电子化交易技术，使市场覆盖面更加广阔，市场效率有很大提高。这方面，以美国的纳斯达克市场为典型代表。

3. 答：从组织形式上看，证券交易所可分为公司制和会员制两种类型。

（1）公司制。公司制的证券交易所是以股份有限公司形式组织并以营利为目的的法人团体，它是由各类出资人共同投资入股建立起来的公司法人。一般由金融机构及各类民营公司组建。交易所章程中明确规定了作为股东的证券经纪商自营商的名额、资格和公司存续期限。公司制证券交易所以营利为目的，证券商的负担较重，而且因其主要收入来自成交额佣金，为增加证券交易所自身的利益可能会人为制造证券投机行为，或者推波助澜，扰乱证券市场。

（2）会员制。会员制证券交易所是不以营利为目的的法人。证券交易所的会员由证券公司等证券商组成，只有取得证券交易所会员资格之后，证券商才能在证券交易所参加交易。会员制证券交易所强调自治自律，自我管理，会员向证券交易所承担的责任仅以缴纳会费为限。由于会员制证券交易所不以营利为目的，因此收取的费用较低，证券商和投资者的负担相应地也较轻。在发生交易纠纷时，证券交易所不负赔偿责任，由会员和买卖双方自己解决。

4. 答：（1）股票价格指数的含义。指数为统计学上的概念，是一种表明社会经济现象动态的相对数。运用指数可以测定不能直接相加或比较的社会经济现象，也可以分析社会经济现象总变动中各因素变动的影响程度。指数在经济生活中应用广泛，如日常生活中我们比较熟悉的居民消费价格指数、工业总产值指数和房地产价格指数。

股票价格指数（简称股票指数或股指）则是指数在证券市场中的应用，以反映一定时期内某一证券市场上股票价格的综合变动方向和程度，一般由证券交易所、金融服务机构、咨询研究机构或新闻单位编制和发布。在股票市场上，同一时间里有多种不同的股票在交易，由于受到政治、经济、市场及心理等各种因素的影响，每种股票的价格均处于不停的变动之中。投资者在进行投资决策时，不仅需要了解和关注所投资个股的价格变动情况，而且也必须从众多个股纷繁复杂的价格变动中判断和把握整个股票市场的价格变动水平与变动趋势。因此，最早的股价指数在 1884 年就应运而生，迄今已是证券市场中最为投资者所熟知的重要指标。

（2）股票价格指数的分类

随着证券市场的发展，市场的规模与容量不断扩大，投资者的投资目的和偏好也日益呈现多样化的趋势，单一的股价指数已经不能满足众多投资者的不同需求。因此，现在的股价指数根据编制的方法、采样的范围、计算的方法等不同可以划分为不同的类型。

根据编制的原理的不同，广义的股价指数包括股价平均数和股价指数两种。股价平均数采用简单的价格平均法，用来衡量样本股总的价格平均水平，实际上是一个表示价格的数值。最著名的道琼斯 30 种工业股票价格平均数（DJIA）就属于此类。股价指数是将样本在计算期的股价与基期的股价相比较而得到的相对数，反映的是股票价格的相对水平。大多数的股价指数都属于此种类型，如美国的标准普尔 500 指数（S&P500）、国内的上证指数等。

根据计算的样本容量不同，股价指数可以分为综合股价指数和成分股价指数两种。综合股价指数是指以全部的上市股票为样本编制而成的股价指数，它通常比较全面与准确，但由于样本不断增加，故它的可比性较差。如我国的上证综合指数和深证综合指数就属于此类。成分股价指数就是只选取一部分作为样本进行计算的指数，其可比性较好，计算也较简单，如果选择的样本股具有相当的代表性，则指数计算的结果也能够较好的反映股市的变动。如 S&P500 指数和上证 180 指数就是成分股价指数。

根据样本的来源有无行业限制，可以将股价指数分为全市场指数和分类指数。全市场指数的样本股的来源没有行业限制，全部的上市股票都有可能被选入样本，一般也称为大盘指数。分类指数的样本股票只能来自特定的行业范围。分类指数是建立在全市场指数的基础之上的。编制分类指数的目的是进一步为投资者选择哪一行业股票进行投资提供参考意见。如上海证券交易所从 1993 年 5 月 3 日起将全部上市公司分为五类，即工业、商业、地产业、公用事业和综合类，分别计算和公布各分类股价指数。

5. 答：证券交易方式可以按照不同的角度来认识。根据交易合约的签订与实际交割之间的关系，证券交易的方式有现货交易、远期交易、期货交易和期权交易。在短期资金市场，结合现货交易和远期交易的特点，存在着证券回购交易。如果投资者买卖证券时允许向经纪商融资或融券，则发生信用交易。常见的证券交易方式主要有以下几种：

（1）现货交易。指证券买卖双方在成交后 1—3 个营业日内办理交割手续，买入者付出资金并得到证券，卖出者交付证券并得到资金。所以，现货交易的特征是"一手交钱，一手交货"，即以现款买现货方式进行交易。这是最基本、最常见也是最古老的交易方式。

（2）期货交易。期货交易是相对于现货交易而言的。在期货交易中，买卖双方就买卖证券的数量、成交的价格及交割时间达成协议。比如，买卖双方今日签订股票买卖合约而约定 30 日后履行交易就是期货交易。

（3）期权交易。期权在本质上来讲是一种选择权交易，指期权的买方向卖方支付一定数额的期权费后，有权在一定时间内以一定的价格（执行价格）出售或购买一定数量的标的物（实物商品、证券或期货合约）。对期权的买方来说，期权赋予给买方的只有权利，而没有任何的义务；买方拥有行使买入或卖出标的物的权利，也可以放弃行使权利。此时买方只是损失期权费，同时，卖方则赚取期权费。对期权的卖方来说，只有履行期权合约的义务，而没有任何的权利。期权的买方行使权利时，卖方必须按期权合约规定的内容履行义务。

（4）信用交易。又称保证金交易或垫头交易，指证券交易的当事人在买卖证券时，只向证券公司交付一定的保证金，或者只向证券公司交付一定的证券，而由证券公司提供融资或者融券进行交易。因此也称为"融资融券交易"。

第六章　证券投资基本分析

一、单项选择题

1	2	3	4	5	6	7	8	9	10	11	12	13	14	15
C	C	B	A	A	D	A	C	B	B	A	D	C	C	B

【解释】

第 5 题：基本分析最主要的优点就是能够比较全面地把握证券价格的基本走势，应用起来相对简单。其他的如同市场接近，考虑问题比较直接、预测的精度较高、获得利益的周期短这些都不是基本分析的特点，不符合基本分析的基本要求。因此选择 A。

第 9 题：在经济周期的衰退期，产出、销售、就业开始下降，直至某个低谷，而繁荣是经济繁荣，产出最多的时期，萧条期为经济周期的低，复苏期是由萧条期到繁荣期的过程。因此选择 B。

第 13 题：石油行业是典型的寡头垄断行业，寡头垄断行业的典型特点即为厂商数量较少，只有几家，厂商提供的商品差异很大或者无差异，石油行业、银行行业、通信行业都是典型的寡头垄断的例子。因此选择 C。

二、多项选择题

1	2	3	4	5	6	7	8	9	10
ABCD	ABCD	ABD	ABD	ABCD	ABCD	ACD	ABCD	ABCD	ABCD

【解释】

第4题：宏观经济分析的意义有：把握证券市场的总体变动趋势、判断整个证券市场的投资价值、掌握宏观经济政策对证券市场的影响力度和方向，但是为资产组合提供向导不是宏观分析的意义，是技术分析的意义。因此选择 ABD。

第7题：利率水平的变化会影响人们的储蓄、投资和消费，但是就业并不能受到利率水平的影响，利率水平主要影响人们平常的消费习惯。因此选择 ACD。

第9题：货币政策的调控作用表现在可以通过调控货币供应总量保持社会总供给与总需求的平衡，这是最基本的作用，通过调控利率和货币总量控制通货膨胀，保持物价总水平的稳定，这是物价稳定的要求，引导储蓄向投资的转化并实现资源的合理配置，调节国民收入中消费与储蓄的比例，这是辅助作用。因此选择 ABCD。

三、判断题

1	2	3	4	5	6	7	8	9	10
√	×	√	×	√	√	×	√	×	√

【解释】

第4题：投资组合的修正实际上是对以前证券投资步骤的重复，可以忽略不做，这种说法是错误的，因为投资组合的修正并不是对以前投资步骤的重复，而是一种再研究过程，在这个过程中会有很多新的结论被研究出来。因此本题错误。

第8题：在统计 GDP 时用到的"长住居民"，包括居住在本国的公民、暂居外国的本国公民和长期居住在本国但未加入本国国籍的居民。这是 GDP 统计时候的要求。因此本题正确。

第9题：GDP 的增长，并不一定有证券指数的增长，GDP 只能反映某一个方面的经济发展情况，对于证券指数来讲没有直接的联系。因此本题错误。

四、名词解释

1. 行业一般是指从事国民经济中同性质的生产或其他经济社会活动的经营个体等构成的组织机构。

2. 寡头垄断市场指一个市场只有少数几个卖方，通常受到进入壁垒的保护，产品或是标准化的或是有差异的。

3. 资产重组是指企业资产的拥有者、控制者与企业外部的经济主体进行的，对企业资产的分布状态进行重新组合、调整、配置的过程，或对设在企业资产上的权利进行重新配置的过程。

4. 公司文化是指公司全体职工在长期的生产和经营活动中逐渐形成的共同遵循的规则、价值观、人生观和自身的行为规范准则。

5. 每股收益＝净利润/总股本，是评价上市公司财务和盈利能力最重要的指标。它体现了公司的经营能力、管理能力和对股东的回报能力。

五、问答题

1. 答：GDP为国内生产总值，是指一个国家（国界范围内）所有常驻单位在一定时期内生产的所有最终产品和劳务的市场价值。GDP是国民经济核算的核心指标，也是衡量一个国家或地区总体经济状况重要指标。

GDP是按市场价格计算的一个国家（或地区）所有常住单位在一定时期内生产活动的最终成果。国内生产总值有三种表现形态，即价值形态、收入形态和产品形态。从价值形态看，它是所有常住单位在一定时期内生产的全部货物和服务价值超过同期投入的全部非固定资产货物和服务价值的差额，即所有常住单位的增加值之和；从收入形态看，它是所有常住单位在一定时期内创造并分配给常住单位和非常住单位的初次收入之和；从产品形态看，它是所有常住单位在一定时期内最终使用的货物和服务价值减去货物和服务进口价值。

2. 答：我国现行货币统计制度将货币供应量划分为三个层次：

（1）流通中现金（M_0），指单位库存现金和居民手持现金之和，其中"单位"指银行体系以外的企业、机关、团体、部队、学校等单位。

（2）狭义货币供应量（M_1），指M_0加上单位在银行的可开支票进行支付的活期存款。

（3）广义货币供应量（M_2），指M_1加上单位在银行的定期存款和城乡居民个人在银行的各项储蓄存款以及证券公司的客户保证金。

3. 答：行业的生命周期指行业从出现到完全退出社会经济活动所经历的时间。行业的生命发展周期主要包括四个发展阶段：幼稚期，成长期，成熟期，衰退期。行业的生命周期曲线忽略了具体的产品型号、质量、规格等差异，仅仅从整个行业的角度考虑问题。行业生命周期可以从成熟期划为成熟前期和成熟后期。在成熟前期，几乎所有行业都具有类似S形的生长曲线，而在成熟后期则大致分为两种类型。其中幼稚期的产品设计尚未成熟，行业利润率较低，市场增长率较高，需求增长较快，技术变动较大，行业中的用户主要致力于开辟新用户、占领市场，但此时技术上有很大的不确定性，在产品、市场、服务等策略上有很大的余地，对行业特点、行业竞争状况、用户特点等方面的信息掌握不多，企业进入壁垒较低；成长期的市场增长率很高，需求高速增长，技术渐趋定型，行业特点、行业竞争状况及用户特点已比较明朗，企业进入壁垒提高，产品品种及竞争者数量增多；成熟期的市场增长率不高，需求增长率不高，技术上已经成熟，行业特点、行业竞争状况及用户特点非常清楚和稳定，买方市场形成，行业盈利能力下降，新产品和产品的新用途开发更为困难，行业进入壁垒很高；衰退期的行业生产能力会出现过剩现象，技术被模仿后出现的替代产品充斥市场，市场增长率严重下降，需求下降，产品品种及竞争者数目减少。

第七章　证券投资技术分析

一、单项选择题

1	2	3	4	5	6	7	8	9	10	11	12	13	14	15
B	B	A	D	B	B	D	D	A	B	C	A	D	A	C

【解释】

第 2 题：早晨之星通常出现在下降趋势中，一般是在下降趋势中接近底部的时候出现。因此选择 B。

第 10 题：构建证券组合的原因是降低非系统性风险，因为系统性风险是没办法避免的。因此选择 B。

第 13 题：反转形态是股价由涨势转为跌势，或由跌势转为涨势的信号。因此反转形态的出现表现股价运动将出现方向性的转折。反转形态的典型图形有双顶形、头肩形、直线形、碟形和 V 型等。通常反转形态的规模越大，则反转后价格变动的幅度将越大。因此 ABC 说法都正确，D 项错误，因此选择 D。

二、多项选择题

1	2	3	4	5	6	7	8	9	10
ABD	ABCD	BCD	ACD	CD	ABD	ABD	ABC	ABCD	BCD

【解释】

第 2 题：证券市场里的投资者可以分为多头、空头、持币观望者和持股观望者，有了这四个参与者，证券市场才能稳定发展。因此选择 ABCD。

第 6 题：波浪理论考虑的因素主要有：股价走势所形成的形态、股价走势图中各个高点和低点所处的相对位置、完成某个形态所经历的时间长短，但股价移动的趋势并不是要考虑的问题。因此选择 ABD。

第 10 题：股价趋势从其运动方向看，可分为上涨趋势、下跌趋势、水平趋势三种变化趋势，而长期趋势不是股价变化的趋势，因此选择 BCD。

三、判断题

1	2	3	4	5	6	7	8	9	10
√	√	√	×	√	×	×	√	×	×

【解释】

第 3 题：技术分析中的反转不同于股价的变动，而是指对原先股价运动趋势的转折性变动。因此本题正确。

第 9 题：世界各国证券投资分析师自律性组织通常为会员进行资格认证，资格认证必须通过专门的考试确认，这种说法是错误的，虽然大多数国家是这么做的，但是还有极少数的国家并没有这样的硬性规定。因此本题错误。

第 10 题：证券投资分析师在十分确定的情况下，为了自己和客户的利益，可以在进行投资预测时，向投资人或委托单位作出保证，这种说法是错误的，在证券法中是严格禁止的。因此本题错误。

四、名词解释

1. K 线又称蜡烛图、日本线、阴阳线、棒线、红黑线等，常用说法是"K 线"。它是以每个分析周期的开盘价、最高价、最低价和收盘价绘制而成。

2. 支撑线又称为抵抗线。当股价跌到某个价位附近时，股价停止下跌，甚至有可能还有回升。这个起着阻止股价继续下跌或暂时阻止股价继续下跌的价格就是支撑线所在的位置。

3. 轨道线又称通道线或管道线，是基于趋势线的一种方法。在已经得到了趋势线后，通过第一个峰和谷可以作出这条趋势线的平行线，这条平行线就是轨道线。两条平行线组成一个轨道，这就是常说的上升和下降轨道。

4. 楔型是指股价界于二条收敛的直线中变动。与三角线不同处在于二条界线同时上倾或下斜。成交量变化和三角形一样向顶端递减。

5. MACD 称为指数平滑异同平均线，是从双指数移动平均线发展而来的，由快的指数移动平均线（EMA12）减去慢的指数移动平均线（EMA26）得到快线 DIF，再用 2×（快线 DIF－DIF 的 9 日加权移动均线 DEA）得到 MACD 柱。

五、问答题

1. 答：（1）看阴阳。为了便于理解和记忆，可以把多空双方想象成进行一场拔河比赛，多方向上拉，空方向下拉。开盘价是均衡点，多方胜利是阳线，空方胜利是阴线。如果紧连的两根或者三根 K 线分别为阳线和阴线，则要注意分析它们之间的关系，着重比较收盘价的相对关系。

（2）看实体。分析实体的长短，阳线的实体越长，表明买方的力量越强；阴线的实体越长，表明卖方的力量越强。两根或三根 K 线组合在一起时，如果同时为阳线，则后面的阳线实体与前面的阳线相比，一根比一根长，表明买方占绝对优势，股价涨势还将增强；如果后面的阳线与前面相比，渐次缩短，表明买方气势已经开始减弱，股价涨幅有限。如果同是阴线则相反，两根或三根阴线，后面比前面的长，则卖方势力强，还会进一步打压股价，阴线渐次缩短，则卖方力量开始衰退，股价下跌势头趋缓。

（3）看影线的长短。分析上影线和下影线的长短，上影线长，说明买方将股价推高后遇到空方打压，上影线长，表明空方阻力越大；下影线长，说明买方在低价位有强力的支撑，下影线长，表明支撑力越强。

2. 答：双重顶又称"双顶"或"M"头，是 K 线图中较为常见的反转形态之一，由两个较为相近的高点构成，其形状类似于英文字母"M"，因而得名。

在连续上升过程中，当股价上涨至某一价格水平，成交量显著放大，股价开始掉头回落；下跌至某一位置时，股价再度反弹上行，但成交量较第一高峰时略有收缩，反弹至前高附近之后再第二次下跌，并跌破第一次回落的低点，股价移动轨迹像 M 字，双重顶形成。

3. 答：移动平均线的特征：

（1）追踪趋势。注意价格的趋势，并追随这个趋势，不轻易放弃。如果从股价的图表中能够找出上升或下降趋势线，那么，MA 的曲线将保持与趋势线方向一致，能消除中间股价在这个过程中出现的起伏。原始数据的股价图表不具备这个保持追踪趋势的特性。

（2）滞后性。在股价原有趋势发生反转时，由于 MA 的追踪趋势的特性，MA 的行动往往过于迟缓，调头速度落后于大趋势。这是 MA 的一个极大的弱点。等 MA 发出反转信号时，股价调头的深度已经很大了。

（3）稳定性。通常愈长期的移动平均线，愈能表现安定的特性，即移动平均线不轻易往上往下，必须股价涨势真正明朗了，移动平均线才会往上延伸，而且经常股价开始回落之初，移动平均线却是向上的，等到股价下滑显著时，才见移动平均线走下坡，这是移动平均线最大的特色。愈短期的移动平均线，安定性愈差，愈长期移动平均线，安定性愈强，但也因此使得移动平均线有延迟反应的特性。

（4）助涨助跌性。当股价突破了 MA 时，无论是向上突破还是向下突破，股价有继续向突破方向再走一程的愿望，这就是 MA 的助涨助跌性。

（5）支撑线和压力线的特性。由于 MA 的上述四个特性。使得它在股价走势中起支撑线和压力线的作用。

第八章　证券投资收益、风险及其衡量

一、单项选择题

1	2	3	4	5	6	7	8	9	10	11	12	13
A	B	C	B	B	C	C	C	A	D	C	C	C

【解释】

第2题：投资者的股利收益率计算公式为：股利收益率＝股利/购买价格。因此根据公式计算可得，$0.5/10 = 5\%$，所以本题的的正确答案为B。因此选择B。

第5题：不同金融资产的风险及收益率是不同的。一般来说，国债被视为无风险金融资产，因此国债的风险是最低的。而股票的风险及收益都是这些资产中最高的。而银行存款相比国债和企业债券，风险在两者中间，毕竟有的银行可能会因为破产而给存款人造成损失。公司发行的债券，与公司的信用密切相关，风险也是较大的，比国债、银行存款风险都要高，但相对股票来说，风险还是要低一些。因此，本题中金融资产按风险从低到高排列，只有B选项是正确的。因此选择B。

第7题：系统风险是指社会、政治、经济等各方面因素所引起的证券可能遭受的损失。该风险会对所有的企业产生不同程度的影响，而且也是不能通过投资组合进行分散的风险。本题中只有C的说法错误。因此选择C。

第10题：信用风险是一种非系统风险，由于债务人的信用有问题，到期违约而不能还本付息。从债券的发行主体看，企业的信用比国家政府信用低，因此企业债券的风险要比政府债券高。为了弥补风险高带来的损失，因此即使债券期限相同，但是票面利率也必须高于政府债券，否则就难以发行。这主要是对信用风险的补偿。因此选择D。

第11题：相关系数 ρ 表示资产收益率之间的相关性。$\rho > 0$，表明两种资产正相关；$\rho < 0$，表明两种资产负相关；题中两种理财产品的收益率变动是相反的方向，从选项中可以判断出，两种资产的相关系数只能是负数，不可能大于零。因此只有C选项是正确的，因此选择C。

第12题：期望收益率是各个条件下的收益率与对应概率乘积之和，因此根据计算公式可得：$0.3 \times 50\% + 0.35 \times 30\% + 0.1 \times 10\% + 0.25 \times (-20\%) = 21.5\%$。因此选择C。

二、多项选择题

1	2	3	4	5
BD	AC	ABC	ACD	AB

【解释】

第 4 题：投资收益与风险是密切相关，共生共存的。承担风险是获取收益的前提，收益的风险的成本。要想获得收益，就不可避免的面临风险。一般来说，两者相对称，风险越大，收益会越高。但是这并非绝对的，有时风险大，但收益不一定高。所以本题中 B 选项错误，ACD 三项都是正确说法，因此选择 ACD。

第 5 题：利率风险对长期债券的影响要大于短期债券，因此长期国债利率高于短期国债，所以 A 正确；一般来说，股票的投资收益要高于债券，主要因为股票面临的市场风险大于债券，股东的收益通常是不固定的（优先股除外），所以 B 正确；利率风险是固定收益证券的主要风险，由于优先股可以获得固定股息，类似于债券，因此利率风险对优先股的影响要大于普通股，所以 C 错误；浮动利率债券是对购买力风险（通胀风险）的补偿，所以 D 错误。因此正确选项是 AB。

三、判断题

1	2	3	4	5	6	7	8	9	10	11	12	13	14	15
×	√	√	×	×	×	√	√	√	×	√	×	√	×	√

【解释】

第 5 题：错误。尽管债券的收益非常稳定，但是发行人依然会存在违约的可能性，从而导致投资者无法到期还本付息，这就是债券中的信用风险。因此本题错误。

第 6 题：错误。利率变动风险会影响到普通股和优先股，但是由于利率风险是固定收益证券的主要风险，因此优先股比普通股受利率风险的影响相对较大些。因此本题错误。

第 10 题：错误。股票股息的发放会引起公司股本的相应变化，而不会影响负债，因此本题错误。

第 14 题：错误。资产组合中的证券数量对组合的风险有影响。但是并非证券数量越多，风险就越小。一般证券数量会有一个最佳值，超过一定的数量，证券组合的风险不一定减少。因此本题错误。

四、简答题

1. 答：证券投资收益的高低，受很多因素的影响：

（1）证券的市场价格。要判断某种证券价格的相对高、低，首先要确定该公司证券的内在价值。当某种证券以低于其内在价值的价格在市场上交易时，这就是一个很好的投资机会，当越来越多的人认清了这种股票的内在价值，而去购买时，该证券价格必然上升，证券价格上升到一定水平时，卖出证券，投资者可赚取买卖差价收入。相反，当人们发现某种证券的内在价值已低于其交易价格，不再具有上升的潜力，越来越多的人就会抛出该种证券，其证券价格必须下跌。

（2）证券的投资期限。投资期限与预期获得收益的高低存在着正相关关系：期限越长，风险越大，收益越高，这种因投资时间延续伴随的风险有时称期限风险，为了补偿这种风险，在同类证券中，如果期限较长，给予的收益也就较高。

（3）银行利率的升降。利率上升，证券价格一般都会下降；反之亦然。但利率变动对不同证券的影响并不一致。利率变动对普通股收益影响的表现：利率下降，企业经营利息负担减轻，获利能力增强；证券市场上资金供给量增加，普通股票价格上升。利率上升，情形则相反。

利率变动对固定收益证券的影响较大，如债券、优先股。而且，利率变动对不同偿还期的债券影响不同，一般对长期债券的影响要大于对短期债券的影响。

（4）通货膨胀率的高低。通货膨胀对不同证券收益的影响也是不同的。一般而言，通货膨胀会对证券收益产生不利影响。发生温和通货膨胀时，因物价上涨，使公司的产品收入、利润相应增加，由于股票红利上升，股价也随之上涨，使普通股投资人也可获得较大收益。发生恶性通货膨胀时，会使经济和社会达到不稳定的程度，可能会使普通股价暴跌，使投资者蒙受损失。

（5）公司盈利水平。公司盈利水平对不同证券收益的影响也是不同的。

①对普通股收益的影响：普通股红利不固定，随企业经营状况而定，一般是成正相关关系。

②公司盈利水平对优先股收益的影响：优先股股息是固定的，在公司盈利水平提高时，其收益水平不会随之增大；当公司盈利水平下降时，其收益不会随之减少。

③公司盈利水平对公司债券投资收益的影响：公司债券利息也是固定的，如果公司盈利下降，为了公司的信誉，也不会减少或停止支付利息，只有当企业财务陷入极大困境或面临倒闭时，债券的还本付息才会成问题。

（6）证券投资者支付的佣金及所得税。投资者委托买卖应向证券交易所支付佣金，佣金高，会提高投资者的交易成本，投资者收益相对减少；相反，佣金低，会减少投资者的交易成本，投资者收益相对较高。

2. 答：（1）市场利率风险对债券等固定收益证券的影响较大，对于债券投资来说，最主要的风险就是利率变动风险。而利率风险对优先股票和普通股票的影响依次减少，对长期证券的影响较大，对短期证券的影响较小。

（2）市场利率与证券价格呈反向变化，即利率提高，证券价格水平下跌；利率下跌，证券价格水平上涨。利率从两方面影响证券价格：一是改变资金流向。当市场利率提高时,会吸引一部分资金流向银行储蓄、商业票据等金融资产,减少对证券的需求,使证券价格下降;市场利率下降则会刺激证券价格上涨。二是影响公司的盈利。利率提高,公司融资成本提高,在其他条件不变的情况下净盈利下降,派发股息减少,引起股票价格下跌;利率下降,融资成本下降,净盈利和股息相应增加,股票价格上涨。

3. 答:非系统风险是指只对某个行业或个别公司的证券产生影响的风险,它通常由某一特殊因素引起,与整个证券市场的价格不存在系统、全面的联系,而只对个别或少数证券的收益产生影响。这种风险可以通过分散投资来抵消,因此也称为"可分散风险"。非系统风险主要包括信用风险、经营风险和财务风险。主要体现出以下特征:①由于特殊因素所引起,如管理能力,劳工问题,消费者偏好等。②影响某一证券或某一类证券的收益。③可通过投资多样化消除或回避。

4. 答:(1)购买力风险又称为通货膨胀风险,是由于通货膨胀、货币贬值给投资者带来实际收益水平下降的风险。购买力风险对不同证券的影响是不相同的,最容易受其损害的是固定收益证券,如优先股、债券。因为它们的名义收益率是固定的,当通货膨胀率上升时,实际收益率将会明显下降。相比之下,浮动利率债券或者保值贴补债券的购买力风险较小。

(2)普通股票的购买力风险相对较小。股票代表拥有公司财产的权利,其名义收益率是可变的,当发生通货膨胀时,通常能增加公司的利润;存货、机器设备等其他固定资产均随物价上涨而增值;公司的名义股息率也会随之上升,从而在某种程度上会减轻通货膨胀带来的损失。当出现严重通货膨胀时,社会经济程序紊乱,企业承受力下降,此时物价上涨幅度远远大于股息增加、股价上涨幅度,普通股也就很难抵偿购买力下降的风险。

5. 计算题

1. 解:根据单个证券的预期收益及风险计算公式,计算得:

$$E(r) = P_1 r_1 + P_2 r_2 + \cdots\cdots + P_n r_n = \sum_{i=1}^{n} P_i r_i$$

$$= -10\% \times 30\% + 5\% \times 30\% + 15\% \times 40\% = 4.5\%$$

$$\sigma^2 = \sum_{i=1}^{n} P_i [r_i - E(r)]^2 = 30\% \times (-10\% - 4.5\%)^2 + 30\% \times (5\% - 4.5\%)^2$$

$$+ 40\% \times (15\% - 4.5\%)^2 = 1.0725\%$$

$$\sigma = \sqrt{\sum_{i=1}^{n} P_i [r_i - E(r)]^2} = \sqrt{1.10725\%} = 0.1036$$

2. 解:(1)不同情况下的未来收益率:

高增长情形下:投资收益率 $r_1 = (32 - 23 + 4)/23 = 56.52\%$

正常增长情形下:投资收益率 $r_2 = (25 - 23 + 3.5)/23 = 23.91\%$

无增长情形下:投资收益率 $r_3 = (15 - 23 + 3.5)/23 = -19.57\%$

（2）期望收益率为：

E(r) = 0.35×56.52% + 0.3×53.91% + 0.35×(-19.57%) = 20.11%

（3）投资组合的方差及标准差：

$\sigma^2 = \sum_{i=1}^{n} P_i [r_i - E(r)]^2$ = 0.35×(56.52% - 20.11%)² + 0.3×(23.91% - 20.11%)² + 0.35×(-19.57% - 20.11%)² = 0.101932

$\sigma = \sqrt{\sum_{i=1}^{n} P_i [r_i - E(r)]^2}$ = $\sqrt{0.101932}$ = 31.93%

第九章 证券市场监管

一、单项选择题

1	2	3	4	5	6	7	8	9	10	11	12
B	C	A	C	B	C	A	D	A	D	C	B

【解释】

第1题：我国及时总结证券市场发展的经验教训，确立了指导证券市场健康发展的"法制、监管、自律、规范"的八字方针，初步形成了有中国特色的集中统一的监管体系。因此选择 B。

第2题：根据中国证监会、财政部、中国人民银行联合发布的《证券投资者保护基金管理办法》，中国证券投资者保护基金有限责任公司（简称"保护基金公司"）于2005年8月30日注册成立。保护基金公司是负责保护基金筹集、管理和使用，不以营利为目的的国有独资公司。因此选择 C。

第3题：根据我国《证券法》第六十五条规定，上市公司和公司债券上市交易的公司，应当在每一会计年度的上半年结束之日起2个月内，向国务院证券监督管理机构和证券交易所提交记载公司概况的中期报告，并予公告相关内容。因此选择 A。

第4题：根据《证券法》第二百条规定，证券交易所、证券公司、证券登记结算机构、证券服务机构的从业人员或者证券业协会的工作人员，故意提供虚假资料，隐匿、伪造、篡改或者毁损交易记录，诱骗投资者买卖证券的，撤销证券从业资格，并处以3万元以上10万元以下的罚款；属于国家工作人员的，还应当依法给予行政处分。因此选择 C。

第5题：根据《证券法》第二百零七条规定，在证券交易活动中作出虚假陈述或者信息误导的，责令改正，处以 3 万元以上 20 万元以下的罚款；属于家工作人员的，还应当依法给予行政处分。因此选择 B。

第 7 题：信息披露制度也称公示制度、公开披露制度，是上市公司及其信息披露义务人依照法律规定必须将其自身的财务变化、经营状况等信息和资料向社会公开或公告，以便使投资者充分了解情况的制度。信息披露制度是《证券法》"三公"原则中公开原则的具体要求和反映。因此选择 A。

第 8 题：对上市公司的监管包括信息披露的监管、公司治理监管和并购重组的监管等，其中信息披露的监管是对上市公司日常监管主要内容。内幕交易行为的监管属于对市场交易的监管，不属于对上市公司的监管。因此选择 D。

第 9 题：发行人申请首次公开发行股票的，中国证监会受理申请文件后、发行审核委员会审核前，发行人应当将招股说明书申报稿在中国证监会网站预先披露。预先披露的招股说明书申报稿不是发行人发行股票的正式文件，不能含有价格信息，发行人不得据此发行股票。因此选择 A。

第 10 题：根据《证券投资者保护基金管理办法》第十二条关于基金来源的规定，上海、深圳证券交易所在风险基金分别达到规定的上限后，交易经手费的 20% 纳入基金。因此选择 D。

第 11 题：根据《证券投资者保护基金管理办法》第十五条第二款规定，不从事证券经纪业务的证券公司，应在每季后 10 个工作日内按该季营业收入和事先核定的比例预缴。每年度审计结束后，确定年度需要缴纳的基金金额并及时向基金公司申报清缴。因此选择 C。

第 12 题：根据《证券法》第一百一十五条规定，证券交易所对证券交易实行实时监控，并按照国务院证券监督管理机构的要求，对异常的交易情况提出报告。证券交易所应当对上市公司及其相关信息披露义务人披露信息进行监督，督促其依法及时、准确地披露信息。证券交易所根据需要，可以对出现重大异常交易情况的证券账户限制交易，并报国务院证券监督管理机构备案。因此选择 B。

二、多项选择题

1	2	3	4	5	6	7	8	9	10
BCD	ABD	AC	ABC	ACD	AB	ABD	BCD	CD	BCD

【解释】

第 1 题：证券市场监管的经济手段是指通过运用利率政策、公开市场业务、信贷政策、税收政策等经济手段，对证券市场进行干预。这种手段相对比较灵活，但调节过程可能较慢，存在时滞。A 项属于行政手段。因此选择 BCD。

第 2 题：我国《证券法》规定证券交易内幕信息的知情人包括：①发行人的董事、监事、高级管理人员；②持有公司 5% 以上股份的股东及其董事、监事、高级管理人员，公司的实际控制人及其董事、监事、高级管理人员；③发行人控股的公司及其董事、监事、高级管理人员；④由于所任公司职务可以获取公司有关内幕信息的人员；⑤证券监督管理机构工作人员以及由于法定职责对证券的发行、交易进行管理的其他人员；⑥保荐人、承销的证券公司、证券交易所、证券登记结算机构、证券服务机构的有关人员；⑦国务院证券监督管理机构规定的其他人。因此选择 ABD。

第 3 题：欺诈客户是指以获取非法利益为目的，违反证券管理法规，在证券发行、交易及相关活动中从事欺诈客户、虚假陈述等行为。欺诈客户行为包括：①违背客户的委托为其买卖证券；②不在规定时间内向客户提供交易的书面确认文件；③挪用客户所委托买卖的证券或者客户账户上的资金；④未经客户的委托，擅自为客户买卖证券，或假借客户的名义买卖证券；⑤为牟取佣金收入，诱使客户进行不必要的证券买卖；⑥利用传播媒介或者通过其他方式提供、传播虚假或者误导投资者的信息；⑦其他违背客户真实意思表示，损害客户利益的行为。因此选择 AC。

第 4 题：证券投资者保护基金公司应依法合规运作，按照安全、稳健的原则运用基金资产，并接受中国证监会等相关部委的监督。基金的资金运用限于银行存款、购买国债、中央银行债券（包括中央银行票据）和中央级金融机构发行的金融债券以及国务院批准的其他资金运用形式。因此选择 ABC。

第 5 题：国际证监会组织是国际间各证券暨期货管理机构所组成的国际合作组织。国际证监会公布的证券监管的目标是：①保护投资者；②保证证券市场的公平、效率和透明；③降低系统性风险。因此选择 ACD。

第 6 题：根据《证券法》第一百八十条的规定，中国证监会有权查询当事人和与被调查事件有关的单位和个人的资金账户、证券账户和银行账户；对有证据证明已经或者可能转移或者隐匿违法资金、证券等涉案财产或者隐匿、伪造、毁损重要证据的，经国务院证券监督管理机构主要负责人批准，可以冻结或者查封。因此选择 AB。

第 7 题：我国《证券法》规定发行人、上市公司依法披露的信息，必须真实、准确、完整，不得有虚假记载、误导性陈述或者重大遗漏，因此上市公司信息披露应遵循以下原则：①真实原则；②准确原则；③完整原则；④及时原则。因此选择 ABD。

第 8 题：根据《深圳证券交易所创业板股票上市规则》的规定，创业板上市公司在下述事项发生后应及时进行信息披露：①董事会、监事会及股东大会作出决议；②签署意向书或者协议（无论是否附加条件或者期限）；③公司（含任一董事、监事或者高级管理人员）知悉或者理应知悉重大事件发生时。A 项属于创业板临时报告的实时披露制度的内容。因此选择 BCD。

第 9 题：C 项，上市公司董事长、经理、董事会秘书，应当对公司临时报告信息披露的真实性、准确性、完整性、及时性、公平性承担主要责任；D 项，上市公司、信息披露义务人违反有关规定的，中国证监会按照《证券法》予以处罚，涉嫌犯罪的，依法移送司法机关，追究刑事责任。因此选择 CD。

第10题：根据《证券投资者保护基金管理办法》第十二条的规定，证券投资者保护基金的来源有：①上海、深圳证券交易所在风险基金分别达到规定的上限后，交易经手费的20%纳入基金；②所有在中国境内注册的证券公司，按其营业收入的0.5%～5%缴纳基金，经营管理和运作水平较差、风险较高的证券公司，应当按较高比例缴纳基金；各证券公司的具体缴纳比例由基金公司根据证券公司风险状况确定后，报中国证监会批准，并按年进行调整；证券公司缴纳的基金在其营业成本中列支；③发行股票、可转债等证券时，申购冻结资金的利息收入；④依法向有关责任方追偿所得和从证券公司破产清算中受偿收入；⑤国内外机构、组织及个人的捐赠；⑥其他合法收入。因此选择 BCD。

三、判断题

1	2	3	4	5	6	7	8
√	√	√	√	×	√	×	×

9	10	11	12	13	14	15
√	√	×	√	√	√	×

【解释】

第3题：正确。我国《证券法》第七十五条规定：证券交易活动中，涉及公司的经营、财务或者对该公司证券的市场价格有重大影响的尚未公开的信息，为内幕信息，如公司经营方针和经营范围的重大变化，公司订立重要合同，公司发生重大亏损或者重大损失。

第5题：错误。证券市场监管是指证券管理机关运用法律的、经济的，以及必要的行政手段，对证券的募集、发行、交易等行为以及证券投资中介机构行为进行监督与管理。

第7题：错误。行政手段是指通过制定计划、政策等对证券市场进行行政性的干预。这种手段比较直接，但运用不当可能违背市场规律，无法发挥作用甚至遭到惩罚，"相对比较灵活，但调节过程可能较慢，存在时滞"是经济手段的特点。

第10题：正确。企业首次公开发行和上市公司再次公开发行证券都需要保荐机构和保荐代表人保荐。保荐期间分尽职推荐和持续督导两个阶段，各个阶段都有明确的保荐期限。

第11题：错误。证券交易所对证券交易实行实时监控，并按照国务院证券监督管理机构的要求，对异常的交易情况提出报告。

第15题：错误。保护基金公司是负责保护基金筹集、管理和使用，不以营利为目的的国有独资公司。

四、名词解释

1. 证券市场监管是指证券管理机关运用法律的、经济的以及必要的行政手段，对证券的募集、发行、交易等行为以及证券投资中介机构的行为进行监督与管理。

2. 信息持续披露制度是指公司公开发行证券后，在经营期间内，依照法律规定或证券主管机关和证券交易所的指令，将其与证券有关的一切真实信息，以一定的方式向社会公众予以公开，以供广大投资者查阅的一项法律制度。

3. 内幕交易是指证券交易内幕信息的知情人和非法获取内幕信息的人利用内幕信息从事证券交易活动。

4. 政府集中监管模式是指国家通过立法，由政府专门设立主管部门对证券发行、交易的整个过程进行监督与管理的一种证券监管模式。

五、简答题

1. 答：（1）证券市场监管的主要原则是公开原则、公平原则、公正原则。

（2）监管模式主要有集中型监管模式、自律型监管模式、中间型监管模式。

2. 答：信息披露制度，是指公开发行证券的公司，在证券的发行、上市、交易等一系列环节中按照法律、证券主管机关或股票交易所的规定，以一定的方式，及时、准确、完整地向社会公众公布有关信息的行为惯例和活动准则。

（1）信息披露制度有利于有效约束股票发行人和有关人员的行为，信息披露制度要求股票发行人必须及时、准确、完整地公开公司的真实情况。（2）信息披露制度有利于保护投资者利益。（3）信息披露制度有利于股票市场充分发挥优化资源配置的职能。（4）信息披露制度有利于加强对股票市场的管理。

3. 答：证券投资基金监管目标与原则：

（1）目标：建立公平高效的证券市场，促进证券投资基金和证券市场健康发展。

（2）原则：依法监管原则、保护投资者合法权益原则、三公原则、诚信原则、监管与自律并重原则。

4. 答：我国证券投资基金监管的主要内容：对基金管理公司的设立及其从业是人员的监管、对基金托管个人及其从业人员的监管。

第三部分

模拟试题及参考答案

第三编

唐代诗歌及散文

证券投资学模拟试题（一）

得分		

一、单项选择题（本大题共 10 小题，每小题 2 分，共 20 分）

1	2	3	4	5	6	7	8	9	10

1. 下列中国 A 股交易时间正确的是（　　）。
   A. am 9:00～11:30   B. pm 13:00～15:30
   C. am 9:30～11:30   D. pm 13:30～15:30

2. 股票的发行价格大于其票面价值，称之为（　　）。
   A. 溢价发行   B. 平价发行
   C. 折价发行   D. 等价发行

3. 已知某股份有限公司募集的公司净资产为 3000 万元人民币，公司发行的普通股总股数为 300 万股，公司股票内在价值为 25 元/股，该公司股票的账面价值是（　　）。
   A. 15 元/股   B. 10 元/股
   C. 35 元/股   D. 25 元/股

4. 债券的票面利率与债券期限长短通常（　　）。
   A. 正相关   B. 负相关
   C. 不相关   D. 无法确定

5. 失业率的计算公式为（　　）。
   A. 失业人数/18 岁以上的全部人口
   B. 失业人数/16 岁以上的全部人口
   C. 失业人数/18 岁以上的劳动力人口数
   D. 失业人数/16 岁以上的劳动力人口数

6. 反映信托关系的有价证券是（　　）。
   A. 股票   B. 债券
   C. 投资基金   D. 期货

7. 没有表决权权利的股东是（　　）。
   A. 记名股东   B. 普通股股东
   C. 自然人股东   D. 优先股股东

8. 下列哪个不是我国的商品期货交易所（　　）。
   A. 上海商品期货交易所　　　　B. 大连商品期货交易所
   C. 郑州商品期货交易所　　　　D. 深圳商品期货交易所
9. 金融衍生工具的特征不包括（　　）。
   A. 构造具有复杂性　　　　　　B. 实物交割
   C. 交易成本低　　　　　　　　D. 设计具有灵活性
10. 只有义务，而没有权利的是（　　）。
    A. 期权买方　　　　　　　　　B. 期权卖方
    C. 期货卖方　　　　　　　　　D. 期货买方

| 得分 | | 二、判断题（本大题共 10 小题，每小题 2 分，共 20 分） |

1	2	3	4	5	6	7	8	9	10

1. 收敛式多头未来的价格走势为：股价在小幅上涨后将开始反转下降。（　　）
2. 公司型基金比契约型基金的交易成本更低。（　　）
3. 在美国的中国人小张在美国的工资收入应该计入中国的 GDP，计入美国的 GNP。（　　）
4. 零息债券具有合理避交利息税的优点。（　　）
5. 优先股股东不享受普通股股东可以享有的表决权。（　　）
6. 债券具有偿还性，这个性质与股票的永久性是对立的。（　　）
7. 黄金交割点的值为 0.681。（　　）
8. 美式期权通常是期权买方在到期前的任何时候都可以交割，而欧式期权通常是期权买方只有在到期日才可以交割。（　　）
9. 混合基金的风险通常比债券基金的风险高。（　　）
10. 根据不同投资者对风险的态度不同，理论上可将投资者分为：风险偏好型、风险中立型、风险回避型三种类型。（　　）

| 得分 | | 三、名词解释（本大题共 6 小题，每小题 4 分，共 24 分） |

1	2	3	4	5	6

1. 有价证券
2. 红筹股
3. 远期合约

4. 零息债券
5. 国有法人股
6. 光头阴线

得分		四、计算题（本大题共 2 小题，每小题 10 分，共 20 分）

1	2

1. 某股票在 3 月 20 日 10 时的价格为 12 元/股，小张在此刻买下该股票 200 手，并保持持仓。5 月 15 日，该股票的价格上涨为 18 元/股，小张准备全部卖出，如果已知小张所在的证券公司对他的佣金比例为 0.03%，则请计算小张全部卖出该股票后，净赚多少？

2. 工商银行发行一张债券，该债券的面值为 200 元，票面利率为 8%，期限 2 年，小张于 2010 年 3 月买进一手，2011 年 3 月和 2012 年 3 月两次付息，2011 年 3 月市场的贴现利率为 10%。求：

（1）2011 年 3 月取息后债券的市值。

（2）2011 年 3 月取息后，如果卖出全部债券，则 2010 – 2011 这一年的实际收益率为多少？

得分		五、简答题（本大题共 4 小题，每小题 4 分，共 16 分）

1	2	3	4

1. 股票的性质有哪些？请简述。

2. A 股中有些股票前会贯有 ST 和 *ST，请简介两者的定义，以及该两种股票在实战操作中的相关规律。

3. 请简述记名股票的概念以及记名股票和不记名股票的区别。

4. 简述债券的四个票面要素。

证券投资学模拟试题（二）

得分	

一、单项选择题（本大题共10小题，每小题2分，共20分）

1	2	3	4	5	6	7	8	9	10

1. 代表情况变差的k线组合不包括（   ）。
   A. 穿头破脚   B. 乌云盖顶
   C. 吊颈   D. 曙光初现
2. 股票的发行价格小于其票面价值，称之为（   ）。
   A. 溢价发行   B. 平价发行
   C. 折价发行   D. 等价发行
3. 黄金分割点的值为（   ）。
   A. 0.861   B. 0.816
   C. 0.681   D. 0.618
4. 债券的票面利率与筹资者的资信水平（   ）。
   A. 正相关   B. 负相关
   C. 不相关   D. 无法确定
5. 属于按债券付息方式不同分类的是（   ）。
   A. 零息债券   B. 附息债券
   C. 息票累积债券   D. 以上都是
6. 属于寡头垄断市场的是（   ）。
   A. 西红柿市场   B. 奶粉市场
   C. 银行业   D. 电力市场
7. GDP假设前提是指（   ）。
   A. GDP是市场价值的概念，家庭产出不计入GDP
   B. GDP不计中间产品
   C. GDP不计自给自足的产品
   D. 以上都是
8. 不是基金根据风险收益不同的分类是（   ）。
   A. 公司型基金   B. 股票型基金

C. 债券型基金　　　　　　　　D. 期权基金
9. 有绝对权力，没有义务的是（　　）。
A. 期权买方　　　　　　　　　B. 期权卖方
C. 期货卖方　　　　　　　　　D. 期货买方
10. 证券投资基金的特点是（　　）。
A. 增加风险　　　　　　　　　B. 单一投资
C. 分散投资　　　　　　　　　D. 专业理财

| 得分 | | 二、判断题（本大题共 10 小题，每小题 2 分，共 20 分） |

1	2	3	4	5	6	7	8	9	10

1. 投资适当性要求"适合的投资者购买恰当的产品"。　　　　　　（　　）
2. 基金托管人和基金管理人的工作可以相互进行，互帮互助。　　（　　）
3. 期货的集中交易制度是指期货在期货交易所集中交易。　　　　（　　）
4. 按照是否发行股票，可将公司分为：上市公司和非上市公司。　（　　）
5. H 股虽然是在香港上市的股票，但注册地却是在中国大陆。　　（　　）
6. 在 K 线理论中，所谓开盘价是指每个交易日的第一笔成交价。　（　　）
7. 证券投资基金的风险通常介于股票与债券之间。　　　　　　　（　　）
8. 投资于房地产属于实物资产投资。　　　　　　　　　　　　　（　　）
9. 我国现在积极发展记账式债券。　　　　　　　　　　　　　　（　　）
10. 技术分析的方法主要有：基本指标分析、K 线分析、均线分析等。（　　）

| 得分 | | 三、名词解释（本大题共 6 小题，每小题 4 分，共 24 分） |

1	2	3	4	5	6

1. 债券
2. 光头阳线
3. 不记名股票
4. GDP
5. 失业率
6. 死亡交叉点

| 得分 | | 四、计算题（本大题共 2 小题，每小题 10 分，共 20 分） |

1	2

1. 一只基金的申购金额为 50000 元，费率为 1.5%，当日基金份额净值为 1.02 元/份。

（1）求基金的净申购金额。

（2）求基金的申购份额。

2. 小王于 2016 年 7 月 8 日购买某股票，价格为 12 元/股，小王在此刻买下该股票 200 手，并保持持仓。9 月 15 日，该股票的价格上涨为 18 元/股，小王准备全部卖出，如果已知小王所在的证券公司对他的佣金比例为 0.03%。

求：（1）该股票佣金。（2）该股票印花税。

| 得分 | | 五、简答题（本大题共 4 小题，每小题 4 分，共 16 分） |

1	2	3	4

1. 简述四种市场形态，需分别举例说明。
2. 简述记名股票的含义及其特点。
3. 股票的特征有哪些？
4. 简述金融衍生工具的特征。

证券投资学模拟试题（一）参考答案

一、单项选择题（本大题共 10 小题，每小题 2 分，共 20 分）

1—5 CABAD   6—10 CDDBB

二、判断题（本大题共 10 小题，每小题 2 分，共 20 分）

1—5 √√×√√   6—10 √×√√√

三、名词解释（本大题共 6 小题，每小题 4 分，共 24 分）

1. 有价证券：各类记载并代表一定权利的法律凭证，用以证明或设定权利所做成的书面凭证，表明证券持有人或者第三者有权取得该证券代表的特定权益，或证明曾经发生过的行为。

2. 红筹股：在中国境外注册，在香港上市，而主要业务在中国内地或大部分股东权益来源于中国内地的股票。

3. 远期合约：交易双方约定在未来某一确定的时间，按照事先商定的价格，以预先确定的方式买卖一定数量的某种标的物的合约。

4. 零息债券：指在票面上不规定利率，发行时按照某一折扣率，以低于票面金额的价格发行，发行价格与票面金额之差额相当于预先支付的利息，到期时按票面金额偿还的债券。

5. 国有法人股：具有法人资格的事业单位、国有企业及其他单位以依法占有的法人资产向独立于自己的股份公司出资形成或者依法定程序取得的股份。

6. 光头阴线：没有上影线的阴线，是指开盘价大于收盘价，且开盘价等于最高价的 k 线。

四、计算题（本大题共 2 小题，每小题 10 分，共 20 分）

1. $6 \times 100 \times 200 = 120000$（元）

买入佣金：$12 \times 200 \times 100 \times 0.03\% = 72$（元）

卖出佣金：$18 \times 200 \times 100 \times 0.03\% = 108$（元）

卖出印花税：$18 \times 200 \times 100 \times 0.1\% = 360$（元）

净赚：$120000 - 72 - 108 - 360 = 119460$（元）

2.（1）$(2000 + 160) / (1 + 10\%) = 1963.64$（元）

(2)（160 + 1963.64） = 2000（1 + x%）
求得：x = 6.182%

五、简答题（本大题共 4 小题，每小题 4 分，共 16 分）

1. 答：
（1）股票是一种虚拟资本证券。
（2）股票是一种综合权利证券。
（3）股票是一种设权证券。
（4）股票是一种证权证券。

2. 答：
ST 股票：特殊处理股票。
*ST 股票：有退市预警的股票。
两种股票的涨跌程度与市场正好相反。
两种股票如果想要盈利，可以选择未来得及反映的股票。

3. 答：
含义：记名股票是指在股票票面和股份公司的股东名册上均记载股东姓名的股票。
区别：①不记名股票股东权利归属于股票的持有人，记名股票属于记名人。
②不记名股票认购股票时要求缴足股款，记名股票不需要一次性缴足股款。
③不记名股票转让相对简单，记名股票转让负责。
④不记名股票安全性较差，记名股票安全性较高。

4. 答：构成要素有：
票面价值：又称为债券的面值，是债券票面标明的价值。
到期期限：是债券到期偿还本金的期限，一般从几个月到几十年不等。
票面利率：有三个因素影响债券票面利率的大小，分别是借贷市场资金水平成正比；筹资者的资信成反比；债券期限的长短成反比。
债券发行人的名称：一般都会在票面标明。

证券投资学模拟试题（二）参考答案

一、单项选择题（本大题共 10 小题，每小题 2 分，共 20 分）

1—5 DCDBD   6—10 CDAAD

二、判断题（本大题共 10 小题，每小题 2 分，共 20 分）

1—5 √×√√√   6—10 ×√√√√

三、名词解释（本大题共 6 小题，每小题 4 分，共 24 分）

1. 债券：发行人依照法定程序发行的，并约定在一定期限还本付息的有价证券。

2. 光头阳线：没有上影线的阳线，是指开盘价小于收盘价，且收盘价等于最高价的 k 线。

3. 不记名股票：指在股票票面和股份公司股东名册上均不记载股东姓名的股票。

4. GDP：国内生产总值，是一个国家或一个地区在一定期限内生产的全部最终产品的市场价值。

5. 失业率：由失业人口除以劳动力人口的比值，其中劳动力人口为 16 周岁以上肢体健全的人口。

6. 死亡交叉点：长期均线从上到下穿过短期均线形成的点叫做死亡交叉点，为股票的卖出点。

四、计算题（本大题共 2 小题，每小题 10 分，共 20 分）

1. （1）（1000 + 100）/（1 + 10%） = 982.14（元）

（2）（100 + 982.14） = 1000（1 + x%）

求得：x = 8.214%（元）

2. 6 × 100 × 200 = 120000（元）

买入佣金：12 × 200 × 100 × 0.03% = 72（元）

卖出佣金：18 × 200 × 100 × 0.03% = 108（元）

卖出印花税：18 × 200 × 100 × 0.1% = 360（元）

五、简答题（本大题共 4 小题，每题 4 分，共 16 分）

1. 答：

①完全竞争市场：有无数厂商，商品无差异，厂商只能被动接受市场价格，进出市场非常容易。

②垄断竞争市场：有很多厂商，商品有一定差异，厂商对市场价格有一定影响，进出市场不容易。

③寡头垄断市场：厂商数量很少，商品差异很大，厂商对市场价格影响很大，进出市场非常困难。

④完全垄断市场：厂商数量只有一家，只有一家商品提供商，厂商可以控制市场价格，进出市场几乎不可能。

2. 答：

含义：记名股票是指在股票票面和股份公司的股东名册上记载股东姓名的股票。

特点：①股东权利属于记名股东。

②认购股票的款项可以一次或者分次缴纳。

③转让相对复杂或受限制。

④便于挂失，相对安全。

3. 答：

①风险性：股票具有风险，而且高风险高收益。

②永久性：股票发行以后不可以退股，只能在二级市场上买卖和流通。

③参与性：股东具有参与决策的权利。

④流通性：股票可以在二级市场自由转让。

⑤收益性：指债券能为投资者带来一定的收入，即：债券的投资报酬。包括：利息收入、资本损益。

4. 答：

①跨期性：金融衍生工具会影响交易者在未来一段时间内或者未来某时点上的现金流。

②联动性：金融衍生工具的价值与基础产品或基础变量紧密联系，规则变动。

③杠杆性：金融衍生工具交易只需支付少量的保证金或权利金就可签订远期大额合约或互换不同的金融工具。

④高风险性：由于信用风险、市场风险等的存在使得金融衍生工具的收益具有不确定性。